RIESEN

DAS GROSSE BUCH DER

RIESEN

ILLUSTRIERT VON
JULEK HELLER, CAROLYN SCRACE
UND JUAN WIJNGAARD
ERDACHT VON DAVID LARKIN
TEXT VON SARAH TEALE

STALLING

Allen Verlagen, die den Autoren bei der Zusammenstellung dieses Buches behilflich waren, danken wir:

B.T. Batsford Limited, London
für die Erlaubnis, Material aus dem Werk *The Folklore of Orkney and Shetland* von Ernest W. Marwick (1975) zu verwenden.

Paul Elek Limited, London
für die Erlaubnis, Material aus dem Werk *The Secret Country* von Janet und Colin Bord (1976) zu verwenden.

The Folklore Society London
für die Erlaubnis, Material aus den Werken Country Folk-Lore, Band II *North Riding of Yorkshire, York and Ainsty,* zusammengestellt und herausgegeben von Mrs. Gutch (1901), Country Folk-Lore, Auszug Nr. 3 *Leicestershire and Rutland,* zusammengestellt und herausgegeben von Charles James Billson, M.A. (1895). *Somerset Folklore* (Country Folk-Lore, Band VIII) von R.L. Tongue, herausgegeben von K.M. Briggs (1965)

Alfred A. Knopf, Inc., New York
für die Erlaubnis, einige Auszüge aus dem Werk *Paul Bunyan* von James Stevens (1925) zu veröffentlichen.

Penguin Book Limited, London
für die Erlaubnis zur Veröffentlichung einer Passage der Übersetzung von Lewis Thorpe des Werkes von Geoffry of Monmouth *The History of the Kings of Britain* (Penguin Classics, London 1966), Seite 196.

The Reader's Digest Association Limited, London
für die Erlaubnis, Material aus dem Buch *Folklore, Myths and Legends of Britain* (1973) zu verwenden.

Routledge & Kegan Paul Limited, London
für die Erlaubnis, auf die Geschichte über den Giant of Grabbist aus dem Werk *Folktales of England,* herausgegeben von Katherine M. Briggs und Ruth L. Tongue (1965) hinzuweisen.

Walker and Company, New York
für die Erlaubnis, Material aus dem Werk *The Secret Country* von Janet und Colin Bord (1976) zu verwenden.

Aus dem Englischen
übertragen von Renate Reimann

Die Originalausgabe erschien
unter dem Tiel *Giants*
bei George Allen & Unwin Publishers, London

Deutsche Ausgabe

ISBN 3-7979-1685-x

»Ein Glanz unter Schatten...«
(SHELLEY)

EINLEITUNG

»Ach, 's ist groß,
des Riesen Kraft besitzen;
doch tyrannisch,
dem Riesen gleich sie brauchen.«
(»Maß für Maß« –
WILLIAM SHAKESPEARE)

Gibt es noch Riesen? Seit wann gibt es Riesen? Wovon lebten Riesen? Waren sie Menschenfresser? Wie groß sind Riesen? Wie alt wurden sie? Diese und viele andere Fragen will das vorliegende Buch beantworten.
Unsere Ur-,Ur-, Urahnen in grauer Vorzeit führten ein wildes und ungeordnetes Leben, in dem sich nur die Kräftigsten behaupten konnten im Kampf mit allen möglichen Widernissen. Vieles, was mit ihnen geschah, war ihnen unerklärlich – sie schrieben es dem Wirken von Göttern zu. Die Naturgewalten flößten ihnen Furcht und Schrecken ein – sie stellten sich Riesen vor, die da wüteten und Erdbeben, Wirbelstürme und Vulkanausbrüche verursachten.
Und genauso wild und ungeordnet wie ihr Leben auf Erden stellten sie sich auch das Dasein der Riesen und der Götter vor, die einander ständig bekämpften.
Die Riesen waren ursprünglich sehr gefürchtet; nur wenige galten als den Menschen oder den Göttern wohlgesinnt. Legenden, in denen Riesen eine Rolle spielen, wurden deshalb oft furchtsam hinter vorgehaltener Hand weitererzählt. Sie gingen ein in die Mythologie, Literatur und Heimatdichtung fast aller Völker der Erde.

Jahrhunderte später war der Mensch schon nicht mehr so unmittelbar den Unbilden der Natur ausgesetzt. Er lebte sicherer und geschützter in größeren Gemeinschaften. Riesen galten immer noch als gefährliche Feinde, die wie andere Ungeheuer, zum Beispiel Drachen, verfolgt und in ritterlichem Kampf geschlagen wurden; womit dann wieder einmal die Kraft des Guten über das Böse bewiesen war. Haarsträubende Geschichten gingen um

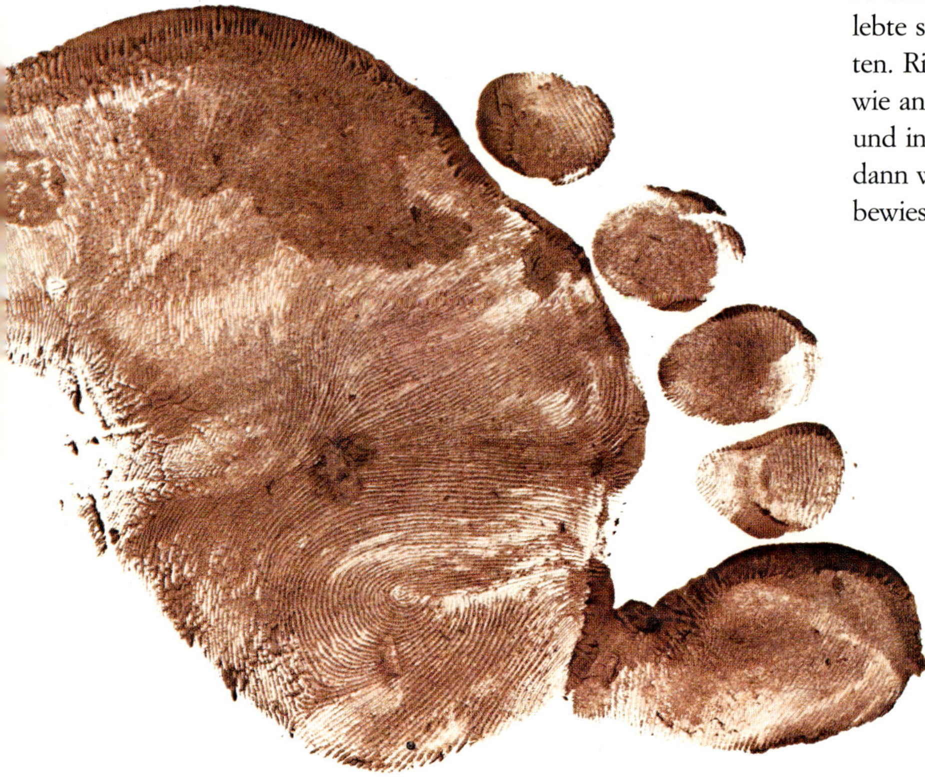

von den Untaten der Riesen, daß den Zuhörern das Blut in den Adern gerann. Die Minnesänger besangen herrliche Jungfrauen in der Gewalt abscheulicher Riesen, so daß sich die Herzen der Zuhörer mit Heldenmut füllten und dem Verlangen, die zarten Geschöpfe in heroisch ritterlichem Kampfe zu befreien. Abgesehen von den gewaltigen Körperkräften, schrieb man den Riesen auch Schlauheit und Verschlagenheit zu, die sie zu noch gefährlicheren Gegnern machten. Gebannt lauschte das Publikum, während sich ein blumiger Teppich wundersamer Taten langsam vor ihm entrollte.

Die bunte Zeit des Rittertums versank. Je mehr sich der Mensch seiner Kräfte bewußt wurde, desto weniger fürchtete er den Riesen. Körpergröße konnte ihn nicht mehr beeindrucken. Die alten Legenden verblaßten; die Riesen wurden zu Witzfiguren, einer Laune der Natur entsprungen, und man verbannte sie in das Reich der Kindergeschichten.

Doch noch immer sagte man ihnen gewaltige Kraft und Ausdauer nach, obwohl unsere Untersuchungen klar ergeben haben, daß sie an allerlei Gebrechen litten, die ihnen das Leben sauer machten, so daß es mit den Kräften nicht so weit her war. Paradoxerweise waren viele Riesen auch eher gutmütig und freundlich als feindselig und aggressiv. Oft litten sie sogar wegen ihrer Tolpatschigkeit an Minderwertigkeitsgefühlen. Doch hiervon soll später noch ausführlicher die Rede sein.

Wer waren nun diese »Riesen«, und woher kamen sie? Zur Beantwortung dieser Frage müssen wir die ältesten Überlieferungen heranziehen – die Werke der Maler, Bildhauer und Dichter des Altertums. Natürlich ist unsere Interpretation des gesammelten Materials etwas subjektiv, aber vielleicht leistet sie doch einen wertvollen Beitrag zur Erkenntnis mancher Zusammenhänge in der »Riesenkunde«.

»Und wir sahen auch Riesen – die Enakiter stammen selbst von Riesen ab –, und wir waren in ihren Augen wie Grashüpfer.«

(Numeri XIII, 33)

»Und es erhob sich noch ein Krieg zu Gath. Da war ein langer Mann, der hatte sechs Finger an seinen Händen und sechs Zehen an seinen Füßen, das ist vierundzwanzig an der Zahl; und er war auch geboren von den Riesen.«

(2 Samuel XXI, 20)

Durch entsprechende Übertreibung gestalteten die Maler, Dichter und Bildhauer der Antike ihre ohnehin eindrucksvollen Darstellungen von Monstern, Riesen und sonstigen Ungeheuern noch respekteinflößender.
In Palästina erinnern Gräber von gewaltigen Ausmaßen an urzeitliche Giganten. Das Grab Noahs im Libanon mißt zum Beispiel fast 70 m in der Länge. Riesengroß ist auch der Sitz des König Artus in Edinburg und Gargantuas Stuhl an der Seine. Angesichts von Baudenkmälern wie den Sphinxen und den Pyramiden in Ägypten, den gewaltigen Tempeln und Theatern der alten Griechen und Römer, den Druiden-Kreisen der Kelten und den englischen Burgen mußte der Mensch natürlich nachdenklich werden. Überwältigt von so ungewöhnlichen Ausmaßen, kamen frühe Kulturen zu dem Schluß, daß diese Bauten von Giganten stammen mußten.
Den sagenhaften Helden und ihren Abenteuern aus der Frühzeit und dem Mittelalter sollte man allerdings mit einiger Zurückhaltung begegnen, da die Berichterstatter zweifelsohne aus Bewunderung für die Helden zur Übertreibung neigten. Die Bezeichnung »Riese« wurde oft Personen zuteil, die zwar »Gigantisches« (im Guten wie im Bösen) geleistet hatten, aber dennoch von relativ normaler Statur waren. Hervorragendes Beispiel einer solchen Fehldarstellung ist König Artus und eine Reihe anderer »großer« Männer, wie zum Beispiel der heilige Christophorus, Goliath – der hervorragendste Kämpfer der Philister – und Guy, Graf von Warwick. Wieder andere waren vermutlich lediglich das Produkt einer blühenden Phantasie. Es ist praktisch unmöglich, sämtliche auch nur etwas zweifelhaft erscheinenden Geschichten auszuklammern; wir haben uns jedoch in Wort und Bild weitestgehende Beschränkung auferlegt.

Auch den Aspekt der Relativität sollte man nicht vernachlässigen. Anthropologen und Mediziner definieren den »Riesen« als jemand, der seine Artgenossen um mindestens 37 cm überragt. Einem Pygmäen muß ein Watussi (Durchschnittsgröße 2,10 m) selbstverständlich wie ein Riese vorkommen. Daher muß auch zwischen großen Menschen und wirklichen Riesen unterschieden werden. Nach reiflicher Überlegung und umfangreichen Forschungsbemühungen sind die Verfasser und Illustratoren dieses Buches übereinstimmend zu der Ansicht gekommen, daß der Riese, wie wir ihn verstehen, in zwei Kategorien zu unterteilen ist: den Ur-Riesen aus den fünfhunderttausend Jahren, die zwischen Schöpfung und Sintflut liegen, und den irdischen Riesen der darauffolgenden Zeit.

Das Gemälde auf der gegenüberliegenden Seite zeigt den Riesen, wie er sich selbst gern sieht: kraftvoll, imposant und schön. Leider sieht der Durchschnittsriese eher so aus.

Riesen waren unterschiedlich groß. Auf jeden Fall aber überstieg ihre Größe und Kraft alle menschlichen Maßstäbe. Das Buch Enoch berichtet von Engeln, die von Gott zur Erde gesandt wurden, um sie zu bewachen. Die Engel wurden durch Menschenfrauen verführt, und der Vereinigung entsprangen Dämonensöhne, die dreitausend Ellen* groß waren.

Geschichtsschreiber berichten vom König Og von Baschan, der dreitausend Jahre alt wurde und sich vor der Sintflut rettete, indem er neben der Arche Noah herwatete, wobei ihm das Wasser nur bis an die Knie reichte. Og röstete Fische, die er gefangen hatte, indem er den Arm hochreckte und sie gegen die Sonne hielt. Nach seinem Tode legte man einen seiner Fingerknochen als Brücke über einen Fluß.

Bei dem Versuch, ein israelitisches Lager zu zerstören, trennte Og einmal einen Berg über eine Länge von sechs Meilen (ca. 10 km) von seinem Sockel und trug ihn auf dem Kopf auf das Lager zu. Glücklicherweise wurde das Vorhaben durch Moses – mit einer Größe von nur zehn Ellen ein relativer Winzling – vereitelt, der in die Höhe sprang und den Riesen durch einen Schlag gegen den Knöchel (der sich immerhin in einer Höhe von fünfzehn Metern befand) fällte, und später mit seiner zehn Ellen langen Axt tötete. Hinsichtlich der Genauigkeit der Größenangaben scheinen allerdings Zweifel angebracht. Abt Henrion, ein hervorragender französischer Gelehrter, schrieb 1718, daß vom Zeitpunkt der Schöpfung bis zum Anbruch des christlichen Zeitalters ein deutlicher Rückgang der Größe aller Lebewesen zu beobachten sei. Nach Henrion war Adam einhundertdreißig Fuß (ca. 45 m) groß (dies steht allerdings im Widerspruch zu älteren Rabbinerschriften, wonach Adams Kopf bis über die Atmosphäre hinausragte und er mit den beiden Händen den Nordpol und den Südpol fassen konnte). Henrion gestand Abraham eine Größe von dreißig Fuß (ca. 9 m) und Moses nur dreizehn Fuß (ca. 4 m) zu. Glücklicherweise setzte das Christentum dem Schrumpfungsprozeß ein Ende.

* Elle = Unterarmknochen zwischen Hand und Ellenbogengelenk; danach früheres Längenmaß, schwankend zwischen 55 und 85 cm. Preußische Elle 66,69 cm.

Nach unserer Berechnung waren die Riesen aus der Zeit nach der Sintflut zehn bis fünfundvierzig Fuß groß (von Ausnahmen abgesehen) also 3,50 m bis 15 m, wobei das erstere Maß sich selbstverständlich auf Riesenbabys bezieht. So mancher wohlbekannte Koloß (wie zum Beispiel der »riesige« Ritter Morholt, der von Tristan erschlagen wurde, und der von Sir Gawain besiegte Grüne Ritter) scheidet in diesem Zusammenhang als echter Riese aus und muß als Mensch eingestuft werden. Geradeso wie die Größe der Menschen Schwankungen und Abweichungen unterworfen war, galt dies auch für die Größe der Riesen, was durch Charles Darwin und Alfred Russell Wallace in ihrer berühmten Theorie von der Evolution durch natürliche Zuchtwahl untermauert wird. Sie stellten fest, daß die »Individuen einer Art nicht völlig identisch sind, sondern in allen Merkmalen Variationen aufweisen«. Die einzelnen Varianten seien »verschieden gut für den Kampf ums Überleben gerüstet. Die besser angepaßten Individuen einer Spezies werden die Eltern der folgenden Generation.« Die Theorie von Darwin und Wallace liefert auch eine einleuchtende Erklärung für das allmähliche Aussterben der Gattung »Riese«.

Technische Erfindungen, wie das Rad, stellten die bisher angenommene Überlegenheit des Riesen ernstlich in Frage, da übermäßige Körpergröße nicht unbedingt mehr von Vorteil war. Je selbstsicherer der Mensch wurde, desto mehr begann er, sich über Riesen lustig zu machen. Er versah sie mit einem Hauch des Lächerlichen, der ihnen bis zum heutigen Tage anhaftet. Das führte so weit, daß Riesen schließlich im 18. Jahrhundert öffentlich auf Jahrmärkten zur Schau gestellt wurden. Einige unternehmungslustige unter ihnen versuchten sich anfangs in dieser vermeintlichen Karriere. Enttäuscht und gedemütigt wandten sie sich aber bald davon ab und überließen das Feld den großgewachsenen Menschen. Statt sich auf diese Art bloßzustellen, wollten sie lieber in ihre relativ friedliche Anonymität zurückkehren.

Eine Auswertung der Daten über Körperbeschaffenheit und Gesundheit der Riesen brachte einige recht interessante Resultate. In Unkenntnis der Verhaltensmuster der Riesen verwechselte der frühe Mensch Körpergröße mit Aggressivität und Kraft. Obwohl die Giganten ihrer Statur nach im Stande zu sein schienen, Gewaltiges zu leisten, waren sie in Wirklichkeit eher ungeschickt und unbeholfen. Die Schwerkraft behinderte die hinreichende Durchblutung ihres Gehirns, wodurch sie auch schwerfällig im Denken, wenn nicht gar dumm wurden.

Schon die Autoren der Antike (wie Homer in seiner Beschreibung des Zyklopen* Polyphem in der Odyssee) erkannten, daß Riesen leicht zu überlisten waren. Wie schon gesagt, war ihr Denken durch die Entfernung vom Hirn zum Herzen beeinträchtigt. Ein Herabsenken des Kopfes unter die Höhe des Herzens konnte zu Ohnmacht und Platzen von Blutgefäßen führen. Kreislaufschwäche und mangelnde Durchblutung der Extremitäten waren denn auch Übel, unter denen alle Riesen zu leiden hatten.

* Zu beachten ist, daß es sich hier um *einen* Zyklopen der Gattung Zyklops handelt.

Ihre körperliche Beschaffenheit wies aber auch günstige Merkmale auf. So waren zum Beispiel die Arme unverhältnismäßig lang und reichten oft bis unters Knie. Das war nicht nur der Erhaltung des Gleichgewichts förderlich, es ermöglichte ihnen auch, Objekte zu befühlen, die unter ihren vorstehenden Bäuchen verborgen blieben. Die oberen Regionen ihres Körpers waren zumeist dicht behaart, was im feuchtnebligen Klima der nördlichen Breiten von Nutzen war. Die Riesen des Südens wiesen ebenfalls Behaarung auf, die in diesem Falle vor Sonne und Feuchtigkeitsverlust schützte. Einige nordische Riesen aus den rauheren Klimazonen ließen auch Bäume und Büsche in ihrem Haar sprießen. Das diente der besseren Warmhaltung und Tarnung – doch davon später mehr.

In alten Schriften heißt es, daß Riesen deshalb so lange Ohren und lang herabgebogene Nasen hatten, damit es ihnen überhaupt möglich war, die Gerüche und Geräusche der Welt da unten wahrzunehmen. (Riesenohren haben möglicherweise bei der Erfindung des Hörrohrs bzw. der ersten Hörhilfen Pate gestanden). Ohr und Nase waren reich mit dicken Haarbüscheln besetzt, was Schutz gegen die eisigen Winde der Berge und der See, aber auch vor Zugvogelschwärmen bot. Eine Riesen-Rasse hatte sogar Schlappohren.

Schlappohren waren
im Winter nützlich.

Aber in den
Sommermonaten
konnten sie
lästig sein und
wurden daher
über den Kopf
zusammen-
geknotet.

Trotz der wärmespendenden Behaarung des Oberkörpers neigten Riesen zu Asthma. Das ist insofern bemerkenswert, als dieses Leiden häufig mit psychischen Störungen einhergeht, wie denn überhaupt psychologische Probleme wie Ödipuskomplex und Minderwertigkeitsgefühle dem Riesen nicht fremd waren.
Aber beileibe nicht alle litten an solchen Störungen. Die Gesünderen und Raffinierteren nützten lediglich das menschliche Mitgefühl aus, indem sie sich ebenfalls krank und leidend stellten, wodurch sie wiederum nicht unerheblich zu der falschen Vorstellung von der allgemeinen Hinfälligkeit der Gattung beitrugen.
Eines hatten sie aber fast alle gemeinsam: Der Mund und andere Körperöffnungen waren unverhältnismäßig groß. Dies ermöglichte die Aufnahme der enormen Nahrungsmengen, die zur Erhaltung des riesigen Organismus erforderlich waren (wobei hier nicht unerwähnt bleiben soll, daß Riesen vergleichsweise wenig aßen – im Gegensatz zu Kleintieren wie Mäusen und Meerschweinchen, die täglich das Mehrfache ihres Körpergewichts an Nahrung benötigen). Vom Mund durch die Speiseröhre bis in den Magen dauerte es so lang (bis zu vierzehn Tagen), daß die Speisen oft schon verdorben waren, wenn sie an ihrem Bestimmungsort anlangten. Dies hatte unangenehme Verdauungsstörungen zur Folge, die den davon Betroffenen bei den umliegenden Gemeinden nicht gerade beliebt machten. Ein bekanntes Beispiel hierfür ist der berüchtigte Föhnwind in Süddeutschland. Möglicherweise ist auch die düstere Gereiztheit und das Einzelgängertum mancher Riesen auf diese Verdauungsstörungen zurückzuführen. Es soll aber auch nicht vergessen werden, daß der eine oder andere Riese seinen Spaß daran hatte, die Bewohner der Umgegend zu belästigen.
Aufgrund seines großen Gewichtes neigte der Riese zu einer gebeugten Körperhaltung, was, laienhaft ausgedrückt, einen dicken Bauch, einen eingefallenen Brustkorb und eine schwache Lunge zur Folge hatte. Weitere gewichtsbedingte Leiden waren Krampfadern, Hämorrhoiden, Plattfüße, Gelenkschwellungen (daher der große Bedarf an Elastikbinden) und die Neigung zu Schlaganfällen. Nüchterne Forscher auf dem Gebiet der Gigantologie tendieren daher auch zu der Ansicht, daß es sich bei der Keule, die traditionell von Riesen geschwungen wird, eher um den Vorläufer unseres heutigen Gehstocks als um eine Waffe handelt ... Leider sind gerade auf diesem Gebiet Daten nur spärlich vorhanden.

Vom Temperament her neigten die meisten Riesen zur Melancholie. Stundenlang konnten sie dasitzen und über so unlösbare Fragen nachgrübeln wie ihr Alter, den Grund für ihren Riesenwuchs oder den Ursprung von Licht und Dunkel (für die meisten übrigens eine Quelle der Furcht). Nach allem, was man weiß, ist dieser Zug besonders stark bei den Riesen-Trollen ausgeprägt.

Anthropologen berichten auch über Alkoholprobleme bei den Riesen der nördlichen Regionen. Vielleicht lag die Wurzel dieses angeblichen Problems in körperlichem Unbehagen und allgemeiner Depression; vielleicht tranken Riesen auch einfach nur gerne hin und wieder einen guten Schluck. Auf jeden Fall liebten sie Partys und Geselligkeit, wenn sie nicht gerade mit Nachdenken oder sonstigem Unfug beschäftigt waren.

DIE UR-RIESEN

In den meisten Mythologien ist die Rede von Riesen, die die Erde bevölkerten, noch ehe es Götter gab. Zwischen Riesen und Göttern bestand eine Erzfeindschaft. Sie beruhte einerseits auf der Furcht der Götter, daß die Riesen ihre Autorität untergraben könnten, und andererseits auf dem Neid der Riesen gegenüber den Göttern. Dennoch gab es auch häufige Verbindungen zwischen Göttinnen und Riesen oder auch Riesinnen und Göttern. Solchen Mischehen entstammt eine Anzahl Götter.

Die Riesen lebten, wie gesagt, in ständigem Streit mit ihren göttlichen Nachkommen wie auch mit den übrigen Göttern. Der Mensch konnte dem Treiben nur hilflos und gelähmt zusehen und hoffen, daß es nicht eines Tages in einen Weltenbrand ausarten und zum Untergang des Universums führen möge.

YMIR – der Urvater des Riesengeschlechtes

Die nordische Mythologie berichtet über die Erschaffung der Welt folgendes:
Am Anfang war Ginnungagap, der unendliche Abgrund. Ginnungagap war im Norden von Niflheim, der Region des ewigen Eises, und im Süden von Muspelheim, einem Meer aus Feuer und Flammen, begrenzt. Wo die Gletscher der Eiswüste in das feurige Meer mündeten, entstand das erste Lebewesen, der fürchterliche Riese Ymir, Urvater des Riesengeschlechtes. Aus seiner linken Armbeuge wuchsen ein Mann und eine Frau, und aus seinen Füßen kamen Frostriesen.
Ymir nährte sich von der Milch der Urkuh Audumla, der »Saftreichen«, aus derem Euter vier Milchströme flossen. Audumla wiederum lebte von den salzigen Eisblöcken Ginnungagaps, an denen sie leckte. Aus einem Eisblock leckte sie Buri, den Stammvater der Götter. Buri hatte einen Sohn, Bor, der sich mit einer Riesin vermählte. Aus der Vereinigung gingen die Götter Odin, Vili und Ve hervor, die sich bald mit Ymir überwarfen und ihn im Streit erschlugen. In den Fluten seines Blutes ertranken alle Frostriesen mit Ausnahme eines einzigen, Bergelmir. Aus Ymirs Leichnam aber entstand die Welt: Sein Blut wurde zu Flüssen und Meeren; sein Fleisch zu Erde; sein Hirn zu Wolken; seine Knochen zu Bergen; seine Zehen und Zähne zu Fels und Geröll und seine Haare zum Pflanzenkleid der Erde. Die Götter formten aus der Wölbung seines Schädels den Himmel, der von vier Zwergen, dem Norden, dem Osten, dem Süden und dem Westen, getragen wurde. Diese Zwerge waren ursprünglich Maden aus der Leiche Ymirs, denen menschliche Gestalt und Verstand gegeben wurde. Die glühende Asche Muspelheims schleuderten die Götter gegen das Firmament, wo sie zu Sternbildern wurde. Schließlich erhielten eine Riesin, genannt Nacht, und ihr Sohn, genannt Tag, je einen Wagen mit Pferdegespann. Sie begannen die Erde zu umkreisen, in vierundzwanzig Stunden jeweils einmal.
Die Welt der Menschen wurde Midgard oder Mittelerde genannt. Sie war von den Riesen durch eine Mauer aus den Augenbrauen Ymirs getrennt.
Im Mittelpunkt des Universums stand ein mächtiger Baum, die Weltesche Yggdrasil. Sie war aus dem Körper des Ymir emporgewachsen und hatte drei Wurzeln, von denen eine bis Asgard, ins Reich der Götter, die zweite bis Jötunheim, ins Land der Riesen, und die dritte bis nach Niflheim, ins Reich der Toten, reichte. Unter den Wurzeln des Weltenbaumes entsprang die Quelle der Weisheit, bewacht vom Riesen Mimir, der so weise gewesen sein soll, daß sich selbst Odin, der oberste Gott, bei ihm Rat holte.

Vom Bergriesen und dem Mauerbau

Das Reich der Götter, Asgard, war sorgfältig gegen die Frost- und Bergriesen geschützt. Ein Zugang war nur über die Brücke Bifröst, den Regenbogen, möglich. An ihrem Fuße wohnte Heimdall, der weiße Gott, der als Schildwache diente. Die Götter waren so sehr darauf erpicht, ihr Reich vor den Riesen zu schützen, daß sie einmal voreilig einem Bergriesen den Mond und die Sonne und dazu noch die Hand der herrlichen Göttin Freya versprachen, wenn es ihm gelänge, innerhalb einer bestimmten Zeit eine massive Mauer um Asgard zu errichten. Sie waren insgeheim überzeugt, daß er das niemals schaffen könne, und freuten sich, daß sie auf diese Weise ohne besondere Gegenleistung eine Schutzmauer erhalten würden. Der Riese besaß aber ein Zauberroß, Svadilfari, mit dessen Hilfe sich der Bau bald der Vollendung näherte. Da sannen die Götter auf eine List, wie sie sich doch noch ihren Verpflichtungen entziehen könnten, und lockten schließlich das Wunderroß von dem Riesen fort, so daß er sein Werk nicht beenden konnte. Thor, der unversöhnliche Feind der Riesen, erschlug schließlich den unglückseligen Baumeister mit seinem Hammer Mjölnir.

Walhalla

In Asgard stand ein herrlicher Palast aus Gold und Silber, Walhalla, die Halle der toten Helden. Hier gab Odin für tapfere Krieger, die im Kampfe gefallen waren, ständig ein Fest. Wenn nicht gefeiert wurde, amüsierten sich die Recken damit, einander in Stücke zu hacken, was aber weiter nichts machte, da die Erschlagenen mit Einbruch der Abenddämmerung wieder auferstanden, um weiterzufeiern. Odin sammelte die finstere Schar um sich, um für die letzte Schlacht gerüstet zu sein, wenn sie gegen ihre Erzfeinde, die Riesen, antreten würden.

Loki

Wie die Riesen, waren auch die Götter mit allerlei menschlichen Fehlern behaftet. Es gab Neid, Gier und Bosheit. Gepaart mit übernatürlichen Kräften, konnten sich solche Eigenschaften verheerend auswirken. Besonders hervorragend in dieser Hinsicht war Loki, ein Halbgott, der für seine Hinterlist berühmt war. Obwohl er der Sohn eines Riesen war und mit seiner Gespielin, der Riesin Angrboda (altnordisch »Wehbotin«) drei fürchterliche Ungeheuer zeugte, nämlich den Fenriswolf, die Midgardschlange und Hel, den Tod, zählte er sich zu den Göttern. Sein Hauptvergnügen bestand darin, gefährliche Situationen herbeizuführen, aus denen er Asgard und die Götter dann in letzter Minute befreite und so seine Schlauheit unter Beweis stellte. Besonders geschickt war er im Verbreiten falscher Gerüchte, und was Bosheit anbelangte, konnte ihm keiner das Wasser reichen. Unerklärlicherweise duldeten ihn die Götter so lange, bis er den Tod Baldurs, des Lieblingssohns Odins, verursachte. Dann aber mußte Loki vor dem Zorn Odins fliehen. Die Götter fingen ihn und schmiedeten ihn an einen Felsen. Über seinen Kopf hängten sie eine Schlange, die unaufhörlich Gift auf sein Gesicht tröpfelte. Obwohl Lokis treues Weib Sigyn die Tropfen in einer Schale auffing, mußte sie doch hin und wieder das Gefäß entleeren. Dann tropfte das Gift auf Loki und verursachte ihm solche Qualen, daß er sich schreiend in seinen Ketten wand; und so oft dies geschah, bebte die Erde.

Der böse Geirrod

Einmal hätte Lokis Verrat für Thor fast den Tod bedeutet: als er nämlich als Freya verkleidet durch die Lüfte flog und vom Riesen Geirrod gefangen wurde. Geirrod hatte Loki an den Augen erkannt. Er sperrte ihn ein und ließ ihn drei Monate hungern, bis er so geschwächt war, daß er sich dazu bereit erklärte, Thor zu verleiten, Geirrod ohne Hammer und Gürtel zu besuchen. Zum Glück wurde Thor durch eine freundliche Riesin vor dieser Falle gewarnt. Sie lieh ihm außerdem ihren eigenen magischen Stab, Eisenhandschuhe und einen Zaubergürtel.
Thor befand sich noch auf dem Wege zu Geirrod, da versuchte eine von dessen Töchtern bereits, ihn zu ertränken, indem sie einen Fluß staute. Der Gott konnte sie mit einem mächtigen Felsbrocken niederstrecken. Als er Geirrods riesige Halle betrat, wollte er sich erst einmal setzen, um ein wenig auszuruhen. Aber schon wurde er mitsamt dem Stuhl gepackt und in die Höhe gehoben. Diesmal versuchten die beiden anderen Töchter Geirrods, ihn am Dach der Halle zu zerschmettern. Mit Hilfe des geliehenen Zauberstabes gelang es ihm aber, den Stuhl, den sie gepackt hatten, wieder auf den Boden zu zwingen, wobei er gleichzeitig den beiden Riesinnen das Kreuz brach. Da unternahm Geirrod selbst noch einen letzten Versuch, den Gott zu erschlagen und schleuderte eine Kugel aus glühendem Eisen gegen ihn. Thor aber fing sie mit den Eisenhandschuhen auf und schleuderte sie mit solcher Wucht zurück, daß sie Geirrod mitsamt der Säule zertrümmerte, hinter die er sich geflüchtet hatte.

EIN FROSTRIESE

Ymirs Tod

Ägir

Ein anderer mächtiger Riese war Ägir, Herrscher über die See. Er stellte jedoch für die Götter keine Bedrohung dar, im Gegenteil: da er gleichzeitig Bierbrauer war, trug er erheblich zu ihrem Wohlbefinden bei.

Durch seine Töchter, die Meereswellen, unterhielt er Beziehungen zu den übrigen Riesen. Die Töchter hatten namen wie Gjolp (Heuler) oder Greip (Greifer), die für Riesinnen typisch waren. Der Legende nach ist Heimdall, der weiße Gott, aus der See geboren und wurde von

neun Riesinnen aufgezogen, von denen allgemein angenommen wird, daß es sich um die Töchter Ägirs handelte.
Auch eine irische Sage berichtet von neun Riesinnen der See, die einen Knaben in ihrer Obhut hatten. Es handelte sich um einen Sohn Ruads, Sohn des Rigdonn. Als Ruad nach einer Seereise nicht, wie versprochen, erschien, um seinen Sohn zu besuchen, schlugen die wütenden Riesinnen dem Kind den Kopf ab und warfen ihn Ruads davonsegelndem Schiff hinterher.

Thrym

Der Donnergott Thor war, wie bereits mehrfach erwähnt, ein erbitterter Feind aller Riesen und hat mit seinem Hammer Mjölnir so manchen Riesenschädel zertrümmert. Einmal hatte der Riese Thrym Thors Hammer gestohlen und ihn acht Klafter tief in Jötunheim vergraben, worauf Loki entsandt wurde, um über die Bedingungen für die Herausgabe des Hammers zu verhandeln. Der Riese verlangte nichts Geringeres als die Hand der Göttin Freya. Dies veranlaßte Thor, als Göttin Freya verkleidet in Lokis Begleitung nach Jötunheim zu reisen. Er blieb unerkannt, und als der Riese sich anschickte, sein Versprechen einzulösen und den Hammer hervorholte, warf Thor seine Verkleidung ab und erschlug ihn mitsamt seinem Gefolge.

Hrungnir

Ein andermal war ein Riese namens Hrungnir so unklug, Asgard uneingeladen zu besuchen. Damit nicht genug, trank er sich auch noch einen »Riesenrausch« an und begann zu krakeelen und zu prahlen, er werde ganz Asgard zerstören und obendrein noch die schönste der Göttinnen entführen. Darauf wurde Thor herbeigerufen, der den Riesen zum Kampfe forderte. Hrungnir wies darauf hin, daß er seinen Schild und seinen Wetzstein nicht dabei habe, aber gewillt sei, den Kampf zu einem späteren Zeitpunkt anzutreten. Nachdem man sich über die Modalitäten des Zweikampfes geeinigt hatte, bauten die arglistigen Riesen einen falschen Riesen aus Lehm, der Thor von Hrungnir ablenken sollte. Das Komplott wurde aber entdeckt, und jemand aus Thors Gefolge erzählte Hrungnir, Thor wolle von unten aus der Erde heraus angreifen, und er täte daher gut daran, seinen Schild vor sich auf den Boden zu legen. Als Thor auf der Kampfstätte eintraf, zerschmetterte er mühelos den künstlichen Riesen und schleuderte dann seinen Hammer gegen Hrungnir, der seinerseits mit gewaltiger Kraft den Wetzstein nach Thor warf. Beide Waffen prallten auf halbem Wege zusammen, wobei der Hammer den Wetzstein in tausend Stücke schlug. Einige Splitter trafen Thors Haupt, so daß er betäubt zu Boden sank. Aber der Hammer setzte seinen Weg fort und zerschlug das Haupt des Riesen, worauf dieser tot über Thor zusammenbrach. Keiner der anwesenden Götter war imstande, Thor von dem über ihm liegenden Riesen zu befreien. Man mußte Thors jüngsten Sohn Magni (mächtig) rufen, der, obwohl er noch sehr jung war (er war zu jenem Zeitpunkt gerade drei Tage alt), den Leichnam des Riesen mühelos zur Seite rollte. Thor erlangte das Bewußtsein wieder und kehrte im Triumph heim.

Der Riese Skrymir

Wieder ein andermal beschloß Thor, Utgardar-Lokis Burg in Jötunheim zu besuchen. Als Begleitung wählte er Loki, Thialfi und Roskva. Unterwegs zu ihrem Reiseziel, beschlossen die Götter eines abends, die Nacht über zu rasten. Eine riesige Halle, die an einer Seite einen hohen Eingang aufwies, schien geeigneten Schutz zu bieten. Was sie nicht wußten, war, daß es sich hier um den Handschuh eines Riesen handelte. Im Laufe der Nacht wurden sie mehrfach durch furchbare Erdbeben geweckt, die aber nichts weiter waren als das Schnarchen des Riesen, der Skrymir hieß. Als Thor am folgenden Morgen Skrymirs gewaltige Ausmaße erblickte, war er so überwältigt, daß er sogleich dreimal versuchte, den Schädel des schlummernden Riesen mit seinem Hammer Mjölnir zu zertrümmern, dann aber von diesem vergeblichen Bemühen abließ und zu der Erkenntnis gelangte, daß es wohl besser sei, den Weg zur Burg Utgardar-Lokis fortzusetzen.
Als die Reisenden aufbrachen, erwachte Skrymir, den Thors Angriff nicht einmal geweckt hatte, und warnte sie davor, daß sie in Utgardar-Lokis Reich auf Riesen treffen würden, die noch viel stärker seien als er.
Bei ihrer Ankunft wurden Thor und seine Weggenossen denn auch gleich aufgefordert, sich mit den Gastgebern im Kampfe zu messen. Wie sehr die Götter sich auch bemühten, ihre Kräfte schienen nichts im Vergleich zu denen ihrer Riesen-Gegner. Schon wollten sie sich entmutigt auf den Heimweg machen, als Utgardar-Loki ihnen verriet, daß Thors Niederlage nur eine scheinbare gewesen war. Er selbst sei der Riese Skrymir, und er sei von ihren Kräften so beeindruckt gewesen, daß er fürchten mußte, Thor werde nicht nur ihn töten, sondern sein gesamtes Reich zerstören. Er habe daher einige Tricks angewandt: Thors Hammerschläge habe er auf die Erdebene gelenkt, wodurch drei weite Täler entstanden seien. Der Gegner im Wettessen sei in Wirklichkeit ein alles verzehrendes Feuer gewesen. Thors Rivalen im Wettlauf seien die Gedanken gewesen; das Horn, das man ihm zum Wett-Trinken gereicht hatte, reichte mit der Spitze in den Ozean; und Thors Gegner im Ringkampf war niemand andres als das »Alter« selbst gewesen. Als Thor dies vernahm, ergrimmte er so, daß er beschloß, Utgardar-Loki auf der Stelle zu vernichten. Als er aber zum Schlage ausholte, waren der Riesenkönig und sein Reich verschwunden.

Odin
und der Zaubertrank ...

Das Ende der Ur-Riesen

Zwischen den Riesen und den Göttern war, wie schon gesagt, ein unablässiger Kampf im Gange. Die Riesen waren hinter den Schätzen Asgards her und stahlen, was sie nur konnten. So gelang es dem Riesen Süttung, den Göttern einen magischen Met, der Dichtkunst und Weisheit verlieh, zu entwenden. Er verbarg die Beute sorgfältig unter seinem Berg. Gott Odin verwandelte sich daraufhin in eine Schlange, die ihren Weg bis hinunter zu dem kostbaren Naß grub. Sie überredete Süttungs Tochter, die den Trank hutete, sie nur ein ganz klein wenig aus dem streng bewachten Fäßchen kosten zu lassen. Als diese nachgab, leerte Odin, bzw. die Schlange, das Faß mit drei gewaltigen Zügen. Schnell verwandelte er sich in einen Adler und flog in Richtung Asgard davon. Süttung aber verfolgte ihn wutentbrannt, ebenfalls in Gestalt eines Adlers. Als die Götter Odin nahen sahen, stellten sie schnell Tröge auf den Wall um Asgard, und Odin spie den Trank hinein, ehe Süttung ihn davon abhalten konnte.

Der nordische Mythos sagte vorher, daß die endlose Fehde zwischen Göttern und Giganten schließlich zu Ragnarök, dem Tag des Weltuntergangs, führen werde, an dem die Welt fast völlig zerstört und das Geschlecht der Riesen vernichtet würde. Dem Tag des Untergangs sollten drei furchtbare Winter vorangehen. Danach würde das Meer kochen, die Erde von Beben zerrissen, die Kräfte des Bösen entfesselt werden und die Toten würden auferstehen. Die Riesen von Muspelheim, geführt vom Feuerriesen Surt, würden von Süden aufbrechen und vereint mit den Frostriesen, den Bergriesen, den Legionen der Toten, den Ungeheuern des Landes und der Wasser zu einem letzten verheerenden Kampf gegen die Götter antreten, den sie schließlich verlieren sollten. Damit sollte das Böse für immer vernichtet sein. Zwei Söhne Odins und zwei Söhne Thors waren dazu ausersehen, zu überleben und Asgard wieder aufzubauen. In der Weltesche, die einzig unversehrt bleiben sollte, würden zwei Sterbliche kauern, ein Mann und eine Frau, dazu bestimmt, die Erde, wenn sie grün und fruchtbar aus den Wassern tauchte, mit ihren Nachkommen zu bevölkern. Und schließlich sollte Gott Baldur von den Toten wiederkehren und ein neues, goldenes Zeitalter einleiten.

Yggdrasil,
die
Weltesche

Riesen-Indianer

Ein nordamerikanischer Indianerstamm glaubt, daß die ersten Menschen auf Erden eine Rasse gewaltiger Indianer waren – so groß, daß selbst der mächtige Büffel im Vergleich zu ihnen zwergenhaft erschien. So ein Riesen-Indianer konnte einen ausgewachsenen Büffelbullen aufheben und wie eine Stola um die Schultern legen. Ein einjähriges Büffelkalb war für ihn so klein, daß er es einfach an den Gürtel hängte, wie bei uns der Jäger ein Kaninchen.

Die indianischen Riesen-Vorfahren fürchteten weder Tod noch Teufel; sie glaubten nicht an ein Leben nach dem Tode, und sie glaubten auch nicht an Ti-ra'-wa, den Allmächtigen, der über das Schicksal der Menschen wacht. Sie taten, wozu sie Lust hatten, und scherten sich nicht um die Folgen. Als ihr Treiben Ti-ra'-wa schließlich zu bunt wurde, beschloß er, die großen Männer zu strafen. Er ließ das Wasser der Flüsse, Seen und Meere steigen, bis es auf einer Höhe mit dem Land war. Der Boden weichte auf, und die schweren Riesen versanken darin und ertranken. Noch heute findet man mächtige Knochen in den entlegeneren Regionen Nordamerikas.

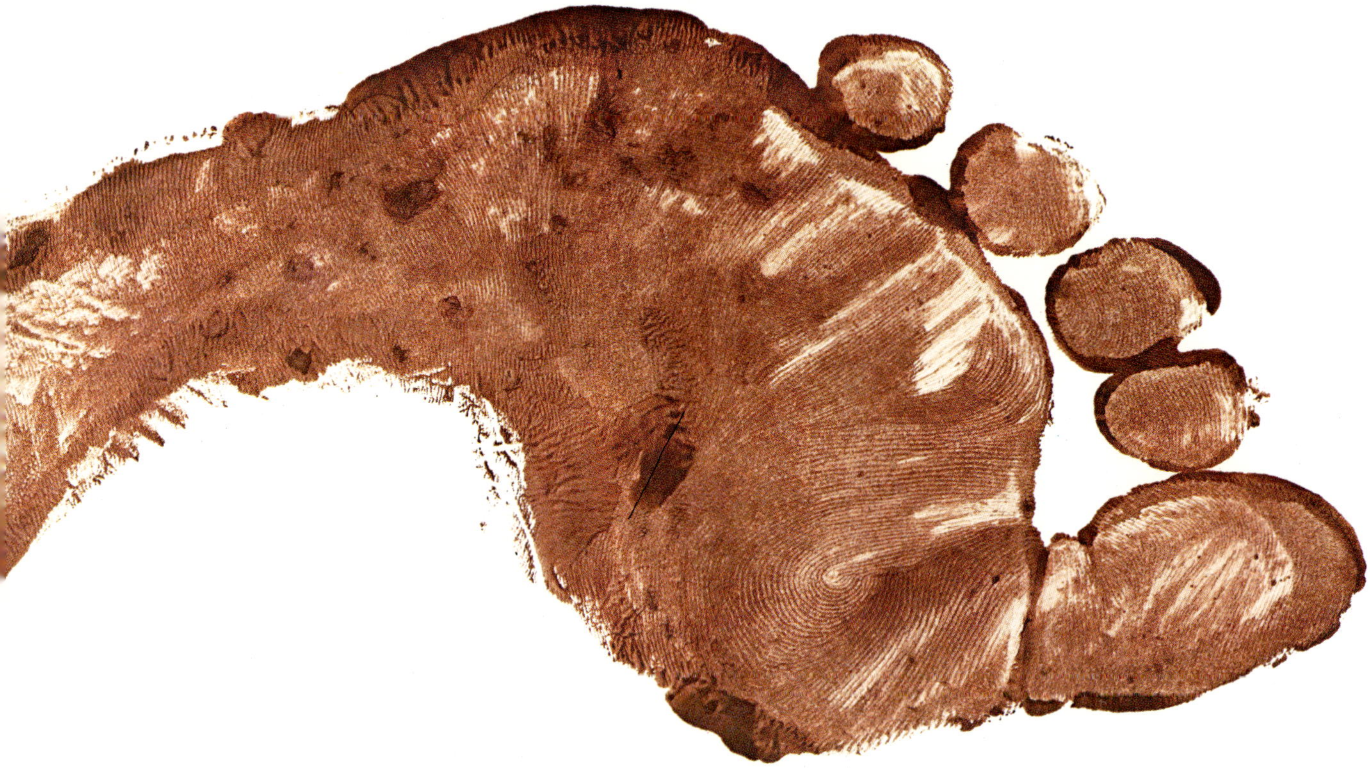

DIE IRDISCHEN RIESEN

»... legendäres, menschenähnliches Wesen, an Kräften zwischen Sterblichen und Göttern stehend. Person von ungewöhnlicher Größe oder Statur.« (WEBSTER)

Obwohl die Riesen der Zeit nach der Sintflut es nicht mit so eindrucksvollen Gegnern zu tun hatten wie den Göttern, hatten sie es auch nicht eben leicht. So manches Mal mußten sie sich mit der verständnislosen Feindseligkeit der Menschen herumschlagen. Diese Feindseligkeit hatte durchaus ihre Gründe, denn die Riesen neigten dazu, sich allzu wichtig zu nehmen. Ihre Ur-Rolle als überirdische Erzeuger der Menschheit war ihnen vermutlich zu Kopfe gestiegen und hatte eine übertriebene Selbsteinschätzung zur Folge. Ständig versuchten sie, sich mit den Göttern auf eine Stufe zu stellen (daher die gereizte Abwehrhaltung der letzteren!), und die irdischen Giganten fühlten sich unnötigerweise den Menschen gegenüber verantwortlich, die ihrerseits aus Unwissenheit und Furcht aggressiv reagierten. Während der Riese seinen Überlegenheitskomplex bald überwand, blieb der Mensch bei seinem Vorurteil, wie er überhaupt von jeher dazu neigt, bei Vorurteilen zu bleiben. Zugegeben – die primitiven Menschen verehrten die Riesen wegen ihrer Größe und sahen in ihnen ein mächtiges Fruchtbarkeitssymbol. Höhlenmalereien und Felsenzeichnungen sowie verschiedene Riten weisen auf eine historische Riesenverehrung hin. Es gab Epochen, in denen ein regelrechter Riesen-Kult betrieben wurde. Mit der Verbreitung des Christentums hatte dies jedoch ein Ende. Der Riese wurde zum Outcast, zum Außenseiter der Gesellschaft. Wegen seiner Andersartigkeit war er gehaßt und gefürchtet. In den Augen der Menschen war er gleichbedeutend mit dem Teufel. Außerdem herrschte Unsicherheit bezüglich der Unterschiede zwischen Riesen und Monstern (daher der irrige Eindruck, menschenfressende Ungeheuer, wie der fürchterliche Grendel und seine noch abscheulichere Mutter in »Beowulf«, gehörten zu den Riesen). Auf Grund solcher Irrtümer entstand der Eindruck, Riesen seien von Natur aus böse.

Das Mittelalter duldete die plumpen Kolosse nicht mehr. Freude an ritterlichen Heldentaten, gepaart mit wilder Aggression, machten die Riesen zu einer begehrten Jagdbeute der Menschen, die an Beliebtheit lediglich von Drachen übertroffen wurde.

»Zu jenen Zeiten ...
waren die Riesen auf Erden.«
(GENESIS VI, 4)

Glaube und Legende

Es darf mit Fug und Recht angenommen werden, daß viele, wenn nicht die meisten Täler und Schluchten in den Gebirgsregionen der Erde von schwergewichtigen Riesen stammen, die dort herumtapsten, als die Erdkruste noch weich war. Allerdings sind Theorien, daß Schluchten sich mit Riesen-Tränen füllten und zu Flüssen und Strömen wurden, genauso falsch wie der weitverbreitete Glaube, daß das »Große Volk« sich nur im Dunkeln bewegen konnte, da es beim ersten Sonnenstrahl zu Stein geworden wäre. Wäre diese Theorie stichhaltig, würden damit zahlreiche authentische Berichte über das Auftreten von Riesen bei Tage widerlegt, ganz zu schweigen von der Frage, wie solch turmhohe Gestalten im Dunkeln herumstolpern konnten, ohne ein totales Chaos anzurichten. Die einzige glaubwürdige Ausnahme bilden die Riesen des hohen Nordens, die selbstverständlich an monatelange Dunkelheit gewöhnt sein mußten. Die Theorie, daß viele Riesen empfindlich gegen Sonnenlicht sind, entstand vermutlich als Folge der Wanderung nördlicher Riesen in südlichere Regionen. Wir wissen zum Beispiel, daß die Norweger einige ihrer Riesen nach Shetland und Orkney mitnahmen, und Ernest W. Marwick berichtet, daß »diese Riesen weiterhin das taten, was sie von zuhause in Norwegen gewöhnt waren. Sie stritten und bewarfen sich mit Felsbrocken; sie stellten in Küstennähe Felsen ins Meer, damit sie beim Angeln darauf sitzen konnten«, sie vermieden es ängstlich, nasse Füße zu bekommen, und versuchten, leider oft ohne Erfolg, von Insel zu Insel Brücken zu bauen; sie trieben sich nachts zu lange herum und schliefen bis in den Tag hinein.

Auch die gewaltigen Bauwerke früher Giganten widerlegen die irrige Annahme, daß Riesen sich nur im Dunkeln hervorwagen konnten. Das Bauen bei Nacht, selbst unter Einsatz von Fackeln, wäre doch zu riskant gewesen. Vielleicht hätten sie trotz großer Schwierigkeiten eine Möglichkeit zum nächtlichen Bau von Burgen und Straßen finden können, nicht aber für Anlagen im Wasser. Wir denken hier an den »Giants Causeway«, eine Landzunge an der Küste der Grafschaft Antrim in Nordirland, die von den Riesen bis hinüber nach Schottland verlängert wurde und über viele Jahre eine beliebte Reiseroute der Giganten war. (Was aus dieser sehr günstigen Verbindungsstraße wurde, ist leider nicht bekannt.)

Überhaupt sind die Wanderungsbewegungen ein wichtiger Aspekt in unserem Studium der Giganten. Wie der Mensch, waren auch die Riesen nicht von Anfang an gleichmäßig über die Erde verteilt. Sie waren den Launen der Natur, den Naturkatastrophen und Seuchen genauso ausgesetzt wie er. Die frühen Epochen sind durch aufeinanderfolgende Wanderungswellen gekennzeichnet, in denen alle Lebewesen versuchten, sich einen ihnen gemäßen Lebensraum zu sichern. Offensichtlich war die Welt damals nicht ganz so, wie wir sie heute kennen. Kontinente, die eine Einheit bildeten, sind auseinandergerückt.

Üppige Wälder wichen ausgedehnten Wüsten.

Wie der Mensch die Ozeane überquerte, ist inzwischen weitgehend bekannt. Im Falle der Giganten ist es aber nur schwer vorstellbar, daß sie mit Papyros-Schiffen oder gar Balsaholzflößen die Meere bezwungen haben sollten.

BEWEISE

Im Laufe der Zeiten hat es immer wieder scheinbar stichhaltige Beweise für die Existenz von Riesen gegeben. Theorien wurden aufgestellt und wieder verworfen, durch archäologische Funde bestätigt oder auch widerlegt. Nur weniges hat aller Kritik standgehalten und ist einer näheren Betrachtung wert. Dazu gehören die Knochenfunde:
Gigantopithecus Blacki (besser bekannt unter dem Namen »Riese von Kwangsi«),
Meganthropus Palaeojavanicus (Java-Mensch) und Meganthropus Africanus, die für die Gigantologie von großer Bedeutung sind.
Auf Grund dieser Funde bildeten sich zwei Lehrmeinungen, von denen eine davon ausgeht, daß es zunächst zwei Arten von Menschen gegeben hat: den gigantischen »Muskelmenschen« und den »Gehirnmenschen«. Der »Riese« war vom Körperbau her für das harte Leben in der Eiszeit besser geeignet als der »denkende Mensch«. Als sich die Umweltbedingungen verbesserten, wurden die Eigenschaften des Riesen überflüssig, und der Gehirnmensch verdrängte ihn nach und nach.
Die andere Theorie besagt, daß der Mensch vom Riesen abstammt. Zu ihrer Erhärtung, aber auch zur Bestätigung der ersten Theorie, können die »Drachenzähne« dienen, die in chinesischen Apotheken wegen ihrer Heilkraft verkauft werden und nach Meinung der Experten in Wirklichkeit von vorgeschichtlichen Riesen stammen. Inzwischen wurden in anderen Ländern Werkzeuge von solcher Größe gefunden, daß sie unmöglich von »normalen« Menschen gehandhabt worden sein können.

Noch überzeugender sind bestimmte Traditionen, die sich durch Jahrhunderte erhalten haben. In vielen Ländern, namentlich in Großbritannien, Frankreich, Belgien und den Niederlanden, fanden im Rahmen sommerlicher Feste Prozessionen statt, denen eine ausgestopfte »Riesenpuppe« vorangetragen wurde. Bei George Puttenham, einem Autor aus dem 15. Jahrhundert, heißt es dazu: »... und sahe man bey Mittsommernachtsfesten in London zur Verwunderung der Leute große und gar häßliche Riesen, die marschierten, als seyen sie lebendig, und waren behängt mit Waffen über und über, aber inwendiglich steckten sie voll braunen Papiers und Werg, welches die mutigsten unter den Jungen wohl entdeckten und belachten.« Manchmal wurden diese Puppen verbrannt, auch dies ist wieder ein Hinweis auf den ständigen Konflikt des »Hirnmenschen« mit dem »Muskelmenschen«.

Im
Himalaya
wurden öfter
Riesen
gesichtet.

Auch in der Natur
haben die Riesen Spuren
hinterlassen, die im
allgemeinen durch auf-
fällige Dimensionen
gekennzeichnet sind.
Hierzu gehören bestimmte
Landmarken und
Hügelformationen.
Doch davon soll auf
den folgenden
Seiten noch ausführ-
licher die Rede
sein.

Manche Gegenden der Erde sind wegen fossiler Funde, die auf Riesen hindeuten, besonders bekannt geworden. Dazu gehört Patagonien, aber auch Sizilien, wo so manchen Ur-Riesen das Schicksal ereilte. Schon im 14. Jahrhundert entdeckte Giovanni Boccaccio, der berühmte Verfasser des »Dekamerone«, in Trapani auf Sizilien einen Haufen versteinerter Knochen, zu denen auch ein gewaltiger Schädel mit einem Loch genau in der Mitte unter der Stirn gehörte. Vermutlich handelte es sich um die Gebeine des Polyphem, von denen vor Boccaccio schon der griechische Philosoph Empedokles berichtet hatte.

Noch viel früher, zur Zeit des Plinius, öffnete sich nach einem Erdbeben auf Kreta eine Spalte in einem Berg und gab ein ungefähr zweiunddreißig Meter langes Skelett frei.

1936 grub eine archäologische Expedition im afrikanischen Tschad eiförmige Urnen aus, die die Überreste einer gigantischen Rasse und auch Schmuckstücke und Kunstgegenstände enthielten (hieraus läßt sich möglicherweise schließen, daß Riesen doch nicht so ungeschickt und faul waren, wie allgemein angenommen wird).

Patagonien verdankt vielleicht sogar seinen Namen den sehr großen Füßen (patas) eines »hoch«-entwickelten Indianerstammes, der die Gegend vor langer Zeit bewohnte.

In den goldenen Entdeckerjahren des ausgehenden 15. und beginnenden 16. Jahrhunderts trafen Seefahrer und Forscher häufig auf Riesen. Ferdinand Magellan (1480–1521), der berühmte Portugiese, dem die erste Weltumseglung gelang, traf zum Beispiel im Jahre 1520 riesige Tehuelche-Indianer, die am Strand von San Julian tanzten. In typischer Entdeckermanier beschloß er, ein Paar davon einzufangen und als Souvenir mit nach Hause zu nehmen. Es gelang ihm auch, seine Opfer dazu zu überreden, sich die Knöchel fesseln zu lassen. Einer der beiden Riesen konnte glücklicherweise noch entkommen, der andere aber wurde aufs Schiff geführt, um mit nach Europa zu reisen. Dort ist er jedoch niemals eingetroffen, da er schon nach kurzer Seereise dem Skorbut erlag.

Zwei Jahrhunderte davor hatte auch schon der Venezianer Marco Polo (1254–1324) nach seinen Reisen in den Fernen Osten von Riesen berichtet.

Diese Begegnungen mit Riesen können als Beweis für die eine wie auch für die andere Theorie gelten. Eines haben sie aber klar ergeben: daß auch die Riesen, wie die verschiedenen Menschenrassen, von ganz unterschiedlichem Aussehen waren. Ein patagonischer Riesen-Indianer hatte zum Beispiel eine viel dunklere Haut als, sagen wir, ein Riesentroll in Nordnorwegen; und die Riesen des Fernen Ostens trugen ausgesprochen asiatische Züge.

ÄUSSERES ERSCHEINUNGSBILD

Die erste Schlacht um England

»Eald enta geweorc idlu stodon«
(Aus dem Buch von Exeter)

In den Anfängen war Britannien* von einem furchterregenden Stamm von Riesen besiedelt, den Nachkommen der Lady Albine und ihren zweiunddreißig Schwestern. Sie waren Töchter des Kaisers Diokletian. Wie in Caxtons »Chronik Englands« nachzulesen ist, hatte der Kaiser seine vielen Töchter nur mit Mühe unter die Haube gebracht. Als es ihm endlich gelungen war, trauerten sie ihrer verlorenen Freiheit nach und alle dreiunddreißig schworen sich, ihre Männer umzubringen – was sie auch taten.
Der erboste Kaiser war nicht länger gewillt, die Launen seiner eigenwilligen Brut zu ertragen. Er ließ sie in einem Schiff aussetzen und gab ihnen genügend Nahrung und Vorräte für sechs Monate mit. Die schlimme Gesellschaft landete schließlich auf einer Insel, die sie nach dem Sohn der Lady Albine Albion nannten.
In der »Chronik Großbritanniens«, von John de Wavrin im 15. Jahrhundert verfaßt, heißt es, daß der Teufel sich den Damen zugesellte. Das Resultat war eine Rasse besonders abscheulicher Riesinnen und Riesen. Sie vermehrten sich und waren lange Zeit die einzigen Bewohner der Insel.
Da kam Brutus, der jüngere Sohn des Antenor von Troja. Mit einer Gruppe trojanischer Emigranten unter der Führung eines berühmten Kämpfers namens Corineus, landete er an der Stelle, an der heute Southampton liegt. Lady Albines Sohn Albion, nach dem die Insel benannt war, erfuhr von der Invasion und »trommelte seine Krieger zusammen. Es waren Männer von riesiger Statur und gewaltigen Körperkräften. Bewaffnet waren sie mit riesigen, knotigen Eichenkeulen, Streitäxten, eisernen Schlagringen und Morgensternen, die sie an einer Kette an einem langen Knüppel schwangen. Mit diesen focht Brutus einen blutigen Kampf, in dessen Verlauf die Trojaner aufgerieben und viele von ihnen erschlagen wurden, bis sie sich schließlich zurückzogen.« (Aus: »Geschichte der trojanischen Kriege und der Vernichtung Trojas«, 1735).
Aber Brutus gab sich nicht so schnell geschlagen. Im Schutze der Nacht ließ er einen langen, tiefen Graben ausheben, dessen Grund mit angespitzten Pfählen bestückt wurde. Dann tarnte man den Graben mit einer Schicht aus grünen Zweigen, welkem Laub und Erde.
Die Riesen wurden noch einmal zum Kampf gefordert – das Ende kann man sich denken. Bleibt nur noch zu sagen, daß die verbliebenen Riesen nach Cornwall flohen, dicht gefolgt von Brutus' Männern. Nach dieser Wendung der Geschicke fand Brutus, daß es weise sei, das Inselreich aufzuteilen, um die gigantischen Eingeborenen besser unter Kontrolle halten zu können. Corineus erhielt Cornwall, und er selbst übernahm den übrigen Teil Albions, den er in Britannien umbenannte.
In einem weiteren blutigen Kampf wurde Albion von Brutus erschlagen, während Gogmagog, der ein Bruder Albions und außerdem der mächtigste Riese in Britannien war, von Corineus getötet wurde, der ihn über eine Klippe ins Meer stürzte. Sie heißt noch heute Lan-Goemagog, was so viel bedeutet wie »Gigantensprung«.
Eine andere Version der Geschichte besagt, daß es sich um zwei Riesen – Gog und Magog – handelte, die stärker als alle anderen waren. Sie wurden, nachdem sie im Kampfe besiegt waren, gefangen genommen und »im Triumph an die Stätte geführt, an der heute London steht.« Und »auf den Anhöhen zu Seiten des Themseflusses gründete Brutus eine Stadt, die er Troynovant, das heißt Neutroja, nannte. An der Stelle der heutigen Guildhall ließ er einen Palast errichten, an dessen Tor er die beiden Riesen als Torhüter kettete. In Erinnerung daran, so heißt es, steht ihr Abbild noch heute in Guildhall.« In Wirklichkeit stellen Gog und Magog in der Londoner Guildhall den besiegten Gogmagog und seinen Besieger Corineus dar.
Trotz aller Bemühungen des Brutus, die einheimischen Riesen ganz auszurotten, gelang es doch einigen, zu überleben – zum Segen für unsere Kultur; denn nicht jeder Riese war böse, und auf jeden bösen Riesen kam mindestens einer, dessen wertvoller Beitrag zum Gemeinwohl die Untaten der weniger wohlgeratenen mehr als aufwog.
Denken wir zum Beispiel an Bendegeit Bran oder Bran den Gesegneten, wie er auch genannt wurde. Er war einer der ersten Könige von Britannien*, der Insel der Mächtigen.
Wie es sich für einen Mann seiner Position ziemte, war Bendegeit Bran von so gigantischer Statur, daß es in seinem Königreich kein Haus und kein Schiff gab, in das er hineinpaßte.
Dieser Bendegeit Bran hatte eine Schwester, Branwen, die er sehr liebte. Die Staatsräson verlangte, daß sie dem König von Irland, einem gewissen Matholwch, angetraut werden mußte. Nun war dieser leider nicht gerade von starkem Charakter und hatte die bedauernswerte Neigung, auf die Meinung übelgesinnter Höflinge zu

hören. Um es kurzzufassen, die Schwäche ging so weit, daß er sich dazu raten ließ, seine Frau in der Küche arbeiten zu lassen, wo sie Fleischspieße drehen mußte und dazu geknufft, geschlagen und ständigen Demütigungen ausgesetzt wurde.
Schließlich fand Branwen ein Mittel, ihren Bruder von ihrer mißlichen Lage zu unterrichten, der daraufhin sogleich seine Streitkräfte sammelte und ihr zu Hilfe eilte. Durchs Meer schreitend, zog Bendegeit Bran seine Flotte wie Spielzeugschiffchen hinter sich her, worauf ein kurzsichtiger irischer Wachtposten verdutzt feststellte, es käme ein Wald dahergeschwommen (die Masten der Schiffe) zuseiten eines Berges (Bran) mit hervorspringendem Grat und je einem See zu beiden Seiten des Grats (Nase und Augen des Riesen).
Von Panik erfüllt, ergiffen die Iren die Flucht, als sie erkannten, worum es sich in Wirklichkeit handelte. Sie zogen sich hinter den Fluß Llinon zurück und zerstörten die einzige Brücke, die hinüberführte. So glaubten sie sich in Sicherheit, denn der Fluß hatte die merkwürdige Eigenschaft, daß sein Bett aus magnetischem Gestein bestand, das Schiffen die Überfahrt unmöglich machte. Der kluge König Bran aber legte sich für seine Armee selbst als Brücke über den Fluß.

Als der irische König sah, daß alles verloren war, handelte er scheinheilig einen Waffenstillstand mit den Briten aus und erbot sich, zum Zeichen des Friedens für Bran ein riesiges Haus erbauen zu lassen. Es stand auf hundert Säulen, und an jeder Säule hing ein Ledersack, in dem sich ein Krieger in voller Rüstung verbarg...

* Britannien umfaßte damals Lloegr oder England; Cymry (später Cymru) oder Wales, und Alban, auch Schottland genannt.

König Bran jedoch war auch nicht auf den Kopf gefallen – sein Ruhm gründete sich nicht nur auf seine Größe, sondern auch auf seinen Verstand. Er trat näher zu einem der Säcke hin und verlangte von einer Wache, den Inhalt zu erfahren. »Mehl«, erwiderte der Befragte. Bendegeit Bran befühlte die Konturen des Sackes, bekam den Kopf des darin hockenden Kriegers zu fassen und zerquetschte ihn, wobei seine Finger mühelos den Schädel durchdrangen. Das gleiche tat er mit allen anderen Säcken, und es half auch nichts, wenn ein Kopf durch einen Helm geschützt war...
Nicht weniger eindrucksvoll, wenn auch nicht von einer ganz so strahlenden Aura umgeben, ist Ysbaddaden, Oberriese im Reich der Riesen und Vater der schönen Olwen. Der einzige Vorwurf, den man ihm machen konnte, war,

daß er seine Tochter allzu ängstlich vor Freiern hütete, eine Haltung, die bei näherem Hinsehen durchaus begründet war. Ihm war nämlich beschieden zu sterben, sobald seine Tochter sich vermählte. Er stand in dem Ruf, sich aller Freier, die um die Hand seiner Tochter anhalten wollten, auf seine Weise zu entledigen.

Nun war ein gewisser Culhwch, von edlem Blute und Cousin König Artus', mit einem Zauber belegt worden, daß er Olwen lieben mußte, obwohl er sie nie gesehen hatte. Er sicherte sich Hilfe von Hofe König Artus' und machte sich auf den Weg zur Festung des Oberriesen. Unterwegs traf er einen riesigen Hirten, dem er von seinem Vorhaben erzählte.

Allen Warnungen des Hirten zum Trotz setzte er seinen Weg fort, und es gelang ihm schließlich, mit seinen Gefährten bis in das Innere der Festung vorzudringen ...
Der Ober-Riese versuchte dreimal, diesen neuen Freier mit vergifteten Speeren zu töten – und dreimal gelang es dem Besucher, sie abzuwehren und auf den Riesen zurückzulenken, dem sie in die Kniescheibe, in die Brust und in ein Auge drangen. Der wutentbrannte Riese nahm nun Zuflucht zu einer List. Er verlangte, daß Culhwch eine Anzahl Heldentaten vollbringe, die ihm keinerlei Überlebenschance ließen. In seiner Liebesglut und unterstützt von den Mannen König Artus' vollbrachte Culhwch sie alle und gewann so die Hand der schönen Olwen. Ysbaddadens Leben aber hatte ein Ende.

Obwohl die fruchtbare Phantasie früherer Autoren so manchen Helden mit der Gestalt eines Riesen versah, spricht doch vieles für die Bemerkung Dr. Pritchards in seiner »Geschichte der Menschheit«: »In Irland trifft man häufig auf Menschen von ungewöhnlichem Aussehen. Selbst Riesen sind auf dieser Insel viel häufiger als auf der unseren. Und doch hatten alle britischen Inseln die gleichen Ureinwohner. Man kommt nicht um den Schluß herum, daß in Irland irgendwelche bestimmten Einflüsse vorliegen, die zu diesem Phänomen führen.« Ob es nun am Klima, an der Nahrung oder der geographischen Breite lag, jedenfalls gab es so furchterregende Riesen wie Fingall (oder FinMcCoul) und seinen Sohn Ossian (auch Ussheen); und es war Fingall, der mit seiner gigantischen Sippe den Giants Causeway (s. Seite 25) baute.

Als »kleiner Junge« fiel der Riese Fingall in die Hände eines noch mächtigeren Riesen, der vergeblich versucht hatte, mit Hilfe von Prophezeiungen einen Lachs zu fangen. Sieben Jahre lang diente ihm Fingall, und schließlich fing der Riese den begehrten Fisch. Er gab ihn Fingall und trug ihm auf, den Lachs über dem Feuer zu braten; dabei äußerte er die fürchterlichsten Drohungen für den Fall, daß Fingall den Fisch verderben sollte. Fingall aber geriet ins Träumen, während er so dastand und den Fisch über dem Feuer briet. Da entstand auf einer Seite des Lachses eine große Blase. Erschrocken versuchte Fingall, sie mit dem Daumen plattzudrücken. Dabei verbrannte er sich den Finger und steckte ihn vor Schmerz in den Mund. Da bemerkte er, daß er die Gabe erlangt hatte, die der Riese so begehrte. In großer Furcht floh der Junge, und der Riese war ihm bald auf den Fersen. Aber jedesmal, wenn es schien, er werde ihn einholen, schmerzte der Daumen, der Junge steckte ihn zur Kühlung in den Mund, und schon erkannte er eine neue Fluchtmöglichkeit.

Jahre später war Fingall glücklich verheiratet, und sein Weib Donagh hatte ihm einen kräftigen Sohn geboren. Ein gewisser schottischer Riese mit Namen Cucullin hatte Fingalls Taten rühmen hören, und er beschloß herauszufinden, wer von ihnen beiden der Stärkere sei. Dank seiner Gabe des Hellsehens erkannte Fingall die drohende Gefahr für sein friedliches Dasein, aber sein Weib Donagh fand schnell einen Ausweg: Sie buk mehrere große Brote, wobei sie in einem die Form versteckte, die sie für den Teig benutzt hatte. Dann stellte sie Milch auf zum Dickwerden und bereitete daraus Quark. Schließlich verkleidete sie ihren Mann als Baby und steckte ihn in eine Wiege.

Als der schottische Riese eintraf, erklärte Donagh, ihr Mann sei leider nicht zu Hause, er möge aber warten. Wie es sich für eine gute Hausfrau geziemte, bot sie dem Gast den größten Laib Brot an. Cucullin biß herzhaft hinein, hatte aber verständlicherweise Schwierigkeiten, das Brot durchzubeißen, und legte es beiseite. Dann fragte er Donagh, für welche Tat ihr Mann besonders berühmt sei, und sie antwortete, er sei berühmt dafür, daß er Wasser aus dem Stein bei der Tür drücken könne. Der Besucher nahm sofort den Stein und drückte, bis ihm das Blut aus den Nägeln trat, aber kein Tropfen Wasser wollte sich zeigen. Da lachte sie ihn aus und sagte, so etwas sei doch wirklich kinderleicht. Mit diesen Worten reichte sie dem »Baby« den Quarkklumpen und hieß es, daraufzudrücken. Bald tropfte ein wenig Molke auf den Boden ...

Darauf brach die liebende Mutter ein Stück vom Brot und reichte es dem »Baby« – es verschlang das Brot mit Genuß. Da verwunderte sich der schottische Riese und fragte, wie in aller Welt der Säugling so hartes Brot beißen könne. Donagh empfahl dem Gast, den Finger in den Mund des Kindes zu stecken und seine Zähne zu befühlen – und schon hatte der »Säugling« den Finger abgebissen. Das war zuviel – wenn das Kind schon solche Kräfte hatte, wollte er den Vater lieber gar nicht erst kennenlernen, sondern machte sich gleich auf den Weg heim nach Schottland, so schnell ihn seine Füße trugen.

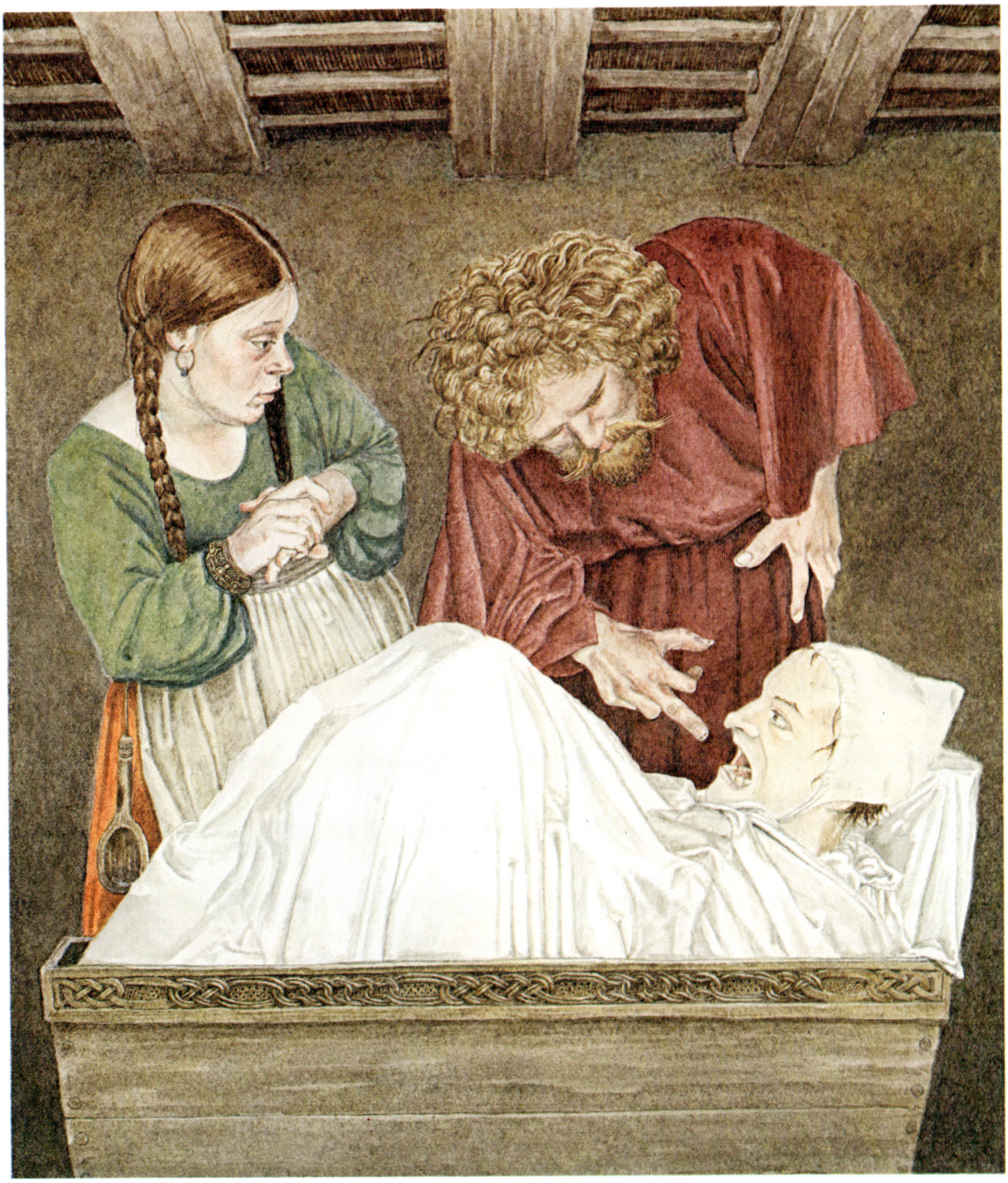

SPUREN

»Jack, der Riese, hat nichts zu tun,
drum baut er ’ne Mauer von Lerrin nach Lun.«
(Alter Reim)

Daß Giganten ihre überschüssige Energie konstruktiv nutzten, steht außer Frage. Selbst die berüchtigten Zyklopen (mit Ausnahme des Polyphem) waren für ihre phantastischen Bauten berühmt.

»Diese Steine stehen im Zusammenhang mit bestimmten religiösen Riten und haben heilende Eigenschaften. Vor vielen Jahren wurden sie von Giganten aus den entlegensten Winkeln Afrikas herangeschleppt und in Irland, das sie zu jener Zeit bewohnten, aufgestellt. Die Steine wurden für Bäder verwendet. Man goß von oben Wasser darüber, das über den Stein herab und in die heilenden Bäder floß, in denen die Riesen ihre Leiden kurierten. Darüber hinaus mischten sie dem Wasser verschiedene Arten von Kräutersud bei und benutzten es zur Heilung von Wunden. Unter den Steinen gibt es keinen, der nicht irgendeine heilende Wirkung aufweist.«
(Aus: »Geschichte der Könige Britanniens«
von Geoffrey von Monmouth)

Häufig wird die Meinung vertreten, daß die massiven Steine für Stonehenge aus Afrika nach Irland transportiert wurden. Dort sorgte Merlin für den Weitertransport nach England, indem er seine magischen Kräfte sammelte, mit den Steinen über die Irische See flog und sie sodann in Amesbury absetzte. Andere Riesen müssen sie danach in das nahegelegene Stonehenge geschleift und in der heute allgemein bekannten Anordnung aufgestellt haben.

Über die wahre Herkunft der Steine gibt es natürlich verschiedene, einander widersprechende Theorien. Soviel ist jedoch sicher: Während die Sandsteinblöcke von Stonehenge möglicherweise in North Wiltshire abgebaut wurden, war blauer Tonsandstein in der Gegend nicht vorhanden; die nächstgelegenen Vorkommen befanden sich in Südwales oder Irland. Die Steine mußten daher über Land, wenn nicht sogar über Wasser, transportiert werden. Das konnte logischerweise nur unter Einsatz von Riesen geschehen.

Felsen und Felsbrocken spielten im Leben des Riesen eine immer wichtigere Rolle. Je nach Größe (des Riesen bzw. des Felsbrockens) waren sie Spielzeug, Waffe, Tarnung und Versteck, Sitzgelegenheit, Wurfgeschoß, Boccia-Kugel, Murmel und, auf etwas gehobenerer Ebene, Baumaterial. Zeugnisse solcher Giganten-Aktivitäten finden sich noch heute über die britischen Inseln verstreut und an unzähligen anderen Orten der Welt.

Der St. Michael's Mount,
ein felsiges Inselchen
vor der Küste Cornwalls,
wurde, wie man weiß,
vom Riesen Cormoran
und seiner Frau Cornelian
erbaut, die beide aus Cornwall
gebürtig waren. Vor Jahrhunderten
scheint Mount's Bay, die Bucht, in der
das Inselchen liegt, dichtbewaldetes Festland
gewesen zu sein. Im kühlen Dunkel dieser Wälder
lebten die beiden Riesen. Eines Tages kam ihnen der
Gedanke, daß es vielleicht nicht unklug wäre, eine
Art Festung zu bauen, die sie vor eventuellen Angreifern
schützen sollte (wen oder was sie fürchteten ist nicht genau
bekannt). So machten sie sich daran, ein gewaltiges Gebäude
aus weißem Granit zu errichten.

Nun war Cormoran von Natur aus ein ziemlich fauler Riese. Und einmal, als er meinte, seine Frau merke es nicht, machte er ein kleines Nickerchen. Kaum aber hatte die Frau erspäht, daß ihr Mann in süßem Schlummer lag, sammelte sie statt des weißen Granits, nach dem sie weiter laufen mußte, gewöhnlichen Grünstein in ihre Schürze. Sie hatte eben die ersten Brocken davon aufgenommen, als ihr Mann erwachte und sie auf frischer Tat ertappte. Ärgerlich gab er ihr einen gewaltigen Tritt in den Hintern, daß die Schürzenbänder aufsprangen und der Fels, den die Frau trug, zu Boden fiel, wo er noch heute liegt und den Damm bildet, der durch das Watt zur Insel St. Michael's Mount führt.

Man kann sich leicht vorstellen, daß der Anblick eines Riesen, der sich nach einem kleinen Nickerchen am Hang eines Hügels aufrichtet, so eindrucksvoll war, daß er den Kult mit Abbildungen von Riesen auslöste, der in frühen Kulturen auf den britischen Inseln üblich war. Zu den bekanntesten Figuren dieser Art zählen der Lange Mann von Wilmington in Sussex, der Riese von Cerne Abbas in Dorset und das Hügelpferd von Uffington in Berkshire.

Beim Riesen von Cerne Abbas soll es sich übrigens um einen dänischen Riesen gehandelt haben, dessen Abbild auf einigermaßen schaurige Art auf den Hügelabhang gelangte. Allem Anschein nach hatte dieser Riese einen Angriff auf die britischen Inseln angeführt – was ziemlich anstrengend ist, wie man sich denken kann – und so legte er sich ermattet ein Weilchen nieder. Die aufgebrachten Bewohner der Gegend aber krochen, kaum daß sie ihn bemerkt hatten, aus allen Winkeln hervor und schnitten dem Schlafenden den Kopf ab. Der Abdruck, den er auf dem Hügel hinterließ, blieb aber als Warnung, für den Fall, daß wieder einmal jemand auf den Gedanken kommen sollte, die Gegend erobern zu wollen.

Ein frühgeschichtlicher
Riese beobachtete, wie
Menschen sich des
Pferdes bedienten,
und versuchte auf
seine Weise, ein
solches Tier
anzulocken.

Der Riese von Grabbist in Somerset
war meist nett und umgänglich, aber nicht immer.
Einmal war der Teufel selbst so unvorsichtig,
sich mit ihm einzulassen,
indem er ihn beim Kugelstoßen
zu betrügen versuchte.

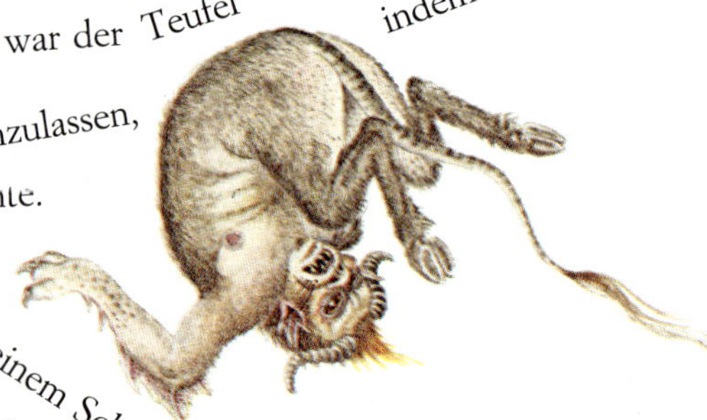

Beelzebub fand sich an seinem Schwanze in die Luft geschleudert
und auf unsanfte Art in den Bristolkanal
befördert.

Bei den Einheimischen war der Riese von Grabbist sehr beliebt, denn zu jener Zeit, in der es an der Küste von Piraten, Schmugglern und Wrackplünderern nur so wimmelte, fungierte er sozusagen als Ein-Mann-Küstenrettungswacht für ihre kleinen Boote. Die »Dorcas Jane« war eines der Schiffe, die beinahe an der Küste von Somerset zerschellt wären, wenn nicht der Riese zu ihrer Rettung erschienen wäre.

Einem unfreundlichen Riesen aus Wales verdankt der Wrekin-Berg in Shropshire seine Entstehung. Dieser Riese hegte nämlich einen Groll gegen den Bürgermeister und die Einwohner der Stadt Shrewsbury und gedachte seine Gefühle ihnen gegenüber auf nicht sehr feine Weise kundzutun. Er hatte vor, den Severn-Fluß zu stauen und die Stadt zu überschwemmen, damit alle ertränken. Zum Glück für die Stadt war der Riese jedoch mit keinem besonders guten Orientierungssinn begabt. Er brachte es fertig, sich völlig zu verlaufen, während er in die Richtung schritt, in der seiner Meinung nach Shrewsbury liegen mußte. Erhitzt und müde irrte er umher, und der große Spaten voll Erde, den er mit sich trug, um damit den Severn zu stauen, machte die Sache auch nicht besser. Da kam ein Schuster des Weges, und er fragte ihn, wo es nach Shrewsbury ginge. Der neugierige Schuster fragte seinerseits, was er dort zu besorgen habe, und der Riese erklärte es ihm.
Nun hatte der Schuster viele Kunden in der Stadt, die er nicht gern verlieren wollte. Gerade war er auf dem Heimweg mit einem großen Sack voller Schuhe und Stiefel, die er alle reparieren sollte. Er hielt dem Riesen den Sack hin und sagte: »Nach Shrewsbury kommst du nicht heute und nicht morgen! Sieh mich an, ich komme gerade von dort, und so viele Schuhe habe ich auf dem Weg bis hierher bereits abgelaufen.« Entmutigt ließ der Riese den Spaten sinken und die Erde dahin fallen, wo sie noch heute liegt – und so entstand der Wrekin-Berg. (Aus »Heimatlegenden der Grafschaft Shropshire« von Charlotte Burne)

In der Stadt Belgrave (zu deutsch: Schöngrab) in den englischen Midlands erzählt man sich, wie die Stadt zu ihrem Namen kam: Kurz nach der normannischen Eroberung hatte ein gewisser Riese namens Bel gewettet, daß er von Mountsorrel bis Leicester nur drei Sprünge brauche. Er bestieg also seinen Rotfuchs und sprang bis Wanlip (one leap, zu deutsch: Einsprung). Beim nächsten Sprung landete er in Burstall (Zerreiß-all), so genannt, weil es ihn mit Roß und Sattel bei dem Sprung förmlich zerriß. Aber er war so entschlossen, daß er seinem halbtoten Pferd noch ein drittes Mal die Sporen gab und sprang. Nur anderthalb Meilen vor Leicester stürzten Roß und Reiter tot zu Boden und wurden gemeinsam in Belgrave begraben.

Außer den bekannten Stätten überall im Lande, findet der aufmerksame Beobachter auch sonst noch viele Anzeichen für das einstige Vorhanden-sein von Riesen.

Einige Kenntnis von Riesenspielen (wie zum Beispiel der Selbsterstarrung) ist dabei für den angehenden Spurensucher sicherlich von Vorteil.

Manche steinernen Zeugen sind »Zeugen« im wahrsten Sinne des Wortes. So gilt zum Beispiel der Eglone aus Moytirra (Irland) als Riese, der von einem Zauberer nach einem Streit zu Stein verwandelt wurde ...

Einige Giganten vergnügten sich damit, Riesenburgen und -straßen zu bauen. Besonders tüchtig in dieser Hinsicht waren Wade und sein trautes Weib Bell, die die Burgen von Mulgrave und Pickering und auch die Verbindungsstraße zwischen beiden gebaut haben sollen. Entsprechend erhielt die Straße den Namen »Wade's causey« (etwa: Wade-Damm), weil Bell darüberhin durchs Moor schritt, wenn sie ihre Riesenkuh melken wollte.

Jeder der beiden Riesen für sich war imstande, allein eine Burg zu bauen. Wenn sie gemeinsam arbeiteten, ergab sich jedoch die Schwierigkeit, daß sie miteinander nur über einen Hammer verfügten. Sie lösten das Problem, indem sie einander bei Bedarf den Hammer zuwarfen, nicht ohne vorher eine entsprechende Warnung ausgerufen zu haben.

Welcher Riese hätte sich
träumen lassen, daß
unbedeutende Zeugnisse
seines Alltagslebens
eines Tages historische
Denkmäler würden?

RIESIGE LEBENSART

Im folgenden soll ein kurzer Abriß der Lebensweise der Riesen unter Berücksichtigung ihrer Neigungen, Bedürfnisse und Gewohnheiten gegeben werden.
Hierbei sei darauf hingewiesen, daß der Riese im Grunde ein Einzelgänger ist und nur selten im Familienverband lebt. In der Tat ist das Auftreten von Familien eher die Ausnahme als die Regel.
Von gelegentlichen Riesenkolonien abgesehen, kann von einer höher entwickelten Gesellschaftsform nicht gesprochen werden. Eine Spezialisierung im Arbeitsleben kam daher nicht in Frage, und der einzelne mußte sehen, wie er allein mit allem fertig wurde.

Während der Riese der südlichen Regionen nackt ging (um kühl zu bleiben) oder sich tarnte (Schutz und Schatten), kleidete sich der nordische Ur-Riese in die Häute und Felle der Tiere, die er zu Nahrungszwecken erlegte. Dabei kam es ihm nur auf die wärmende Wirkung der Kleidung an, an die er sonst keine weiteren Ansprüche stellte; und die groben Tierfelle erschienen seiner rauhen Haut wie Seide.
Im Laufe der Zeit erlangte das »Große Volk« einige minimale Fertigkeiten, zu denen auch das Zusammenheften mehrerer Häute oder Felle zu Kleidungsstücken gehörte.

Tierfelle und Häute spenden Wärme ...

Mehrere Lagen übereinander dienen
als Isolierung gegen die Kälte.

Man riß Löcher entlang der Kanten des zu nähenden Materials und zog durch diese eine erbettelte, geborgte oder gestohlene Schnur. Die Enden der Schnur wurden verknotet oder um die Taille geschlungen. Dieses Tunikagewand wurde zuweilen noch mit einem ausgefransten Saum, einer Leine mit Wäsche in fröhlichen Farben oder auch einem Wagenrad geschmückt. Ein um die Schultern getragenes Fell-Cape spendete die erforderliche Wärme, und die Riesen hatten auch bald herausgefunden, daß mehrere Lagen Pelz bei ungünstiger Witterung besseren Schutz boten als eine einzige.
In einigen Gegenden blieb man beim Lendenschurz, der an Einfachheit als Kleidungsstück unübertroffen ist. Beleibtere Riesen schlugen einfach ein etwas längeres Stück Stoff um die Hüften, und soweit Nachwuchs vorhanden war, konnte auch dieser leicht in dem Tuch getragen werden, das dann nur doppelt gewickelt zu werden brauchte.

Traditionelle Farben der Riesenkleidung waren schmutziges Grün und Rostbraun. Auch hier tritt wieder der Wunsch nach Tarnung und Anpassung an die Umgebung zutage. Eine eigentliche Mode im heutigen Sinne gab es nicht. Ein sozialer Wettbewerb fand nicht statt, und die materiellen Bedürfnisse beschränkten sich auf das Notwendige. Der strenge Stil war somit Abbild der einfachen Lebensweise.
In diesem Zusammenhang sei bemerkt, daß Riesen auf Abbildungen häufig in Renaissance-Gewändern im spanischen Stil mit Wams und Hose gezeigt werden. Hierzu ist zu sagen, daß es angesichts der mangelnden Fertigkeit der Riesinnen in der hohen Kunst des Nähens (Couture) äußerst unwahrscheinlich ist, daß es eine solche Mode unter Riesen einmal gegeben haben sollte.

Die Schuhe schließlich scheinen ein nie enden wollendes Problem gewesen zu sein. Riesen litten nicht nur unter allerlei Fußbeschwerden, ihr Gewicht war auch so groß, daß jedes Leder bereits abgelaufen war, kaum ehe sie den ersten Schritt getan hatten. Man half sich, indem man mehrere Lagen Lappen um die Füße wickelte und unten ein Brett als Sohle einlegte. Das ganze wurde mit Stricken zusammengehalten, wobei ganze Heuhaufen als Polsterung dienten. Es gab mehrere Varianten dieses Modells, aber alle waren gleichermaßen plump und unbequem. Die große Rasse mußte letztendlich mit diesem ständigen Unbehagen leben, oder aber barfuß gehen und riskieren, auf ein Hirschgeweih oder sonst einen spitzen Gegenstand zu treten.

Das Essen war für den Durchschnittsriesen eher eine Notwendigkeit als ein Vergnügen. Er hatte aber auch die eine oder andere Lieblingsspeise. Rohes Fleisch fand er genießbar, versteifte sich aber auch häufig darauf, den Menschen nachzuäffen und es zu garen.
Nur wenige Riesen gaben sich mit einem so schwierigen Geschäft wie dem Brotbacken ab (wenn sie es taten, wurde die Beschaffung von mehreren Säcken Mehl beim einheimischen Müller erforderlich, der jedoch über die Art der Beschaffung meist nicht sehr glücklich war). Kulinarische Fertigkeiten beschränkten sich im allgemeinen auf das Kochen mit Wasser. Da dem Riesen jedoch jeglicher Zeitbegriff fremd war, konnte es leicht geschehen, daß ein Kessel tagelang unbeaufsichtigt kochte, bis der Inhalt zu einem undefinierbaren Brei geworden war. Aber auch dies war weiter nicht tragisch, da es so gut wie keine Feinschmecker unter dem großen Volk gab. Allerdings waren Verdauungsbeschwerden die weitverbreitete Folge.
Die sorglose Lebenseinstellung der Riesen wird auch in ihren nicht gerade enthaltsamen Trinkgewohnheiten deutlich. Da die Menschen ihre Bier- und Weinfässer sorgfältig verbargen (sie waren ohnehin zu klein), entwickelten die Riesen bald eigene Herstellungsmethoden.
Glücklicherweise wurde die Brautechnik lässig gehandhabt, das Resultat war daher zumeist alles andere als hochprozentig. Wenn zufällig doch einmal eine Partie kräftig geriet, genügten schon verhältnismäßig kleine Mengen, um einen Riesen in glücklich alkoholisierten Nebel versinken zu lassen, noch ehe er größeres Unheil anrichten konnte.

Äußerst beliebt war ein Gebräu aus Quellwasser, Baumspitzen und blühenden Büschen (im allgemeinen war das Mischungsverhältnis 5 Teile Wasser auf 3 Teile Baumspitzen und 1 Teil Büsche). Ob die blühenden Büsche zur Geschmacksabrundung oder schlicht als Dekoration beigefügt wurden, läßt sich schwer feststellen. Nordische Riesen labten sich an einem Gebräu aus Beerensträuchern und Obstbäumen, während von den britischen und französischen Riesen bekannt ist, daß sie ein Apfelgetränk bevorzugten. Wie bereits erwähnt, waren jedoch all diese Drinks wenig gehaltvoll, was einerseits auf mangelnde Kenntnis des Gärungsprozesses und andererseits darauf zurückzuführen war, daß Riesen nie abwarten konnten, bis das Getränk fertig war. Die Titanen des Mittelmeerraums berauschten sich an einem Getränk auf der Basis von Trauben. Dies wieder bereitete den ortsansässigen Weinbauern manchen Verdruß, denn nicht selten geschah es, daß ganze Weinberge über Nacht kahlgerupft waren. Der Gerechtigkeit halber sei aber vermerkt, daß die Riesen öfter ein Fäßchen oder zwei von ihrem selbstgebrauten Stoff den Dorfbewohnern zum Geschenk machten. Da es sich bei diesen aber meist um jene Weinbauern handelte, deren Weinberge über Nacht verwüstet worden waren, fand die Gabe zuweilen nicht die begeisterte Aufnahme, die ihr hätte zuteil werden können.

Eng verbunden mit der Neigung zum Alkohol war die Freude an Partys, Picknicks und anderer Geselligkeit. Partys wurden im allgemeinen in den Höhlen veranstaltet, in denen sehr viele Angehörige des großen Volkes lebten, aber – da der Alkohol nicht stark war und dem Gespräch intellektuelle Grenzen gesetzt waren, stellten diese Partys nicht immer festliche Ereignisse dar.

Die mangelnde Koordination der Bewegungen hatte wahrscheinlich ihr Gutes: Das vereinte Gewicht der »Tänzer« hätte andernfalls sicher eine verheerende Kettenreaktion von Erdrutschen, Erdbeben und Flutwellen zur Folge gehabt.

ARBEITSVERHALTEN

Der Riese suchte im allgemeinen die Liebe und Anerkennung seines kleinen Bruders, des Menschen. Im Grunde war er freundlich und kameradschaftlich, andererseits aber auch leicht gekränkt, wenn er sich zurückgewiesen fühlte. Er scheute keine Mühe, dem Menschen behilflich zu sein und konnte dort äußerst nützlich sein, wo es sich um schwere Arbeit handelte. Er erledigte in einem Augenblick, womit ein Mensch sich vielleicht einen Monat lang abgerackert hätte.
Für ihre Dienste wurden die Riesen-Arbeiter im allgemeinen in Naturalien entlohnt. Dennoch ging es ihnen in der Hauptsache um Anerkennung und um die Freundschaft der Menschen.

Hörner und Stoßzähne erwiesen sich als nützlich beim Anlegen von Gräben, Aufschlitzen von Bäumen, Transport von Holzkloben usw.

Die Rodung von Wäldern und das Urbarmachen von Land waren Tätigkeiten, mit denen Riesen häufig beauftragt wurden. Viele von ihnen besaßen ausgeprägte untere Backenzähne, was sich beim Entwurzeln von Bäumen positiv auswirkte.

Riesen wurden auch gern als Torwachen an Stadtmauern eingesetzt, denn selbst der sanfteste Riese war für den potentiellen Eindringling ein furchterregender Anblick.

Der Riese von Carn Calva in Cornwall (einem Stützpunkt der Giganten seit den Zeiten der Invasion durch Brutus und Corineus) war ein liebenswerter Kerl. Er schützte die Einwohner von Zennor und Morvah vor den Riesen-Banditen der Lelant-Berge und verlangte dafür weiter nichts als Anerkennung und hier und da ein Schaf oder eine Ziege.
Das Fischen gehörte zu den Lieblingstätigkeiten der Riesen. Allerdings waren ihre Fischzüge für die menschlichen Fischer zuweilen etwas irritierend – ohnmächtig mußten sie oft zusehen, wie die Giganten ihre Netze einholten und den gesamten Fang davontrugen.
Andere Giganten wieder arbeiteten voller Eifer für die örtlichen Fischereiflotten. Sie pflegten neben den Fischereifahrzeugen durchs Wasser zu waten und beim Heben der Netze behilflich zu sein. Gelegentlich schöpften sie die Fische auch gleich mit der Hand aufs Deck. Sie beteiligten sich auch am Süßwasser-Fischfang, was jedoch gewisse Risiken in sich barg. Zum Beispiel bauten sie Dämme, um Flüsse zu stauen, und vergaßen nachher aufgrund ihres anerkannt schlechten Gedächtnisses, die Dämme wieder einzureißen, wodurch sie ausgedehnte Überschwemmungen verursachten.

Selbstverständlich mußte
so schwere Arbeit, verbunden
mit der Größe und dem Gewicht
der Riesen, ermüdend
wirken. Riesen benötigten
daher häufig Ruhepausen.
Glücklicherweise war
Schlaflosigkeit bei ihnen
nicht bekannt, vielmehr
waren sie in der Lage,
ein erquickendes
Schläfchen in den
unmöglichsten Positionen
zu halten.

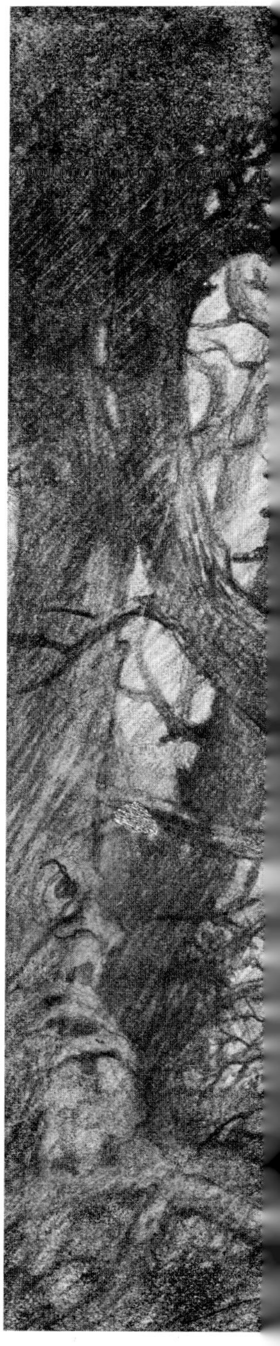

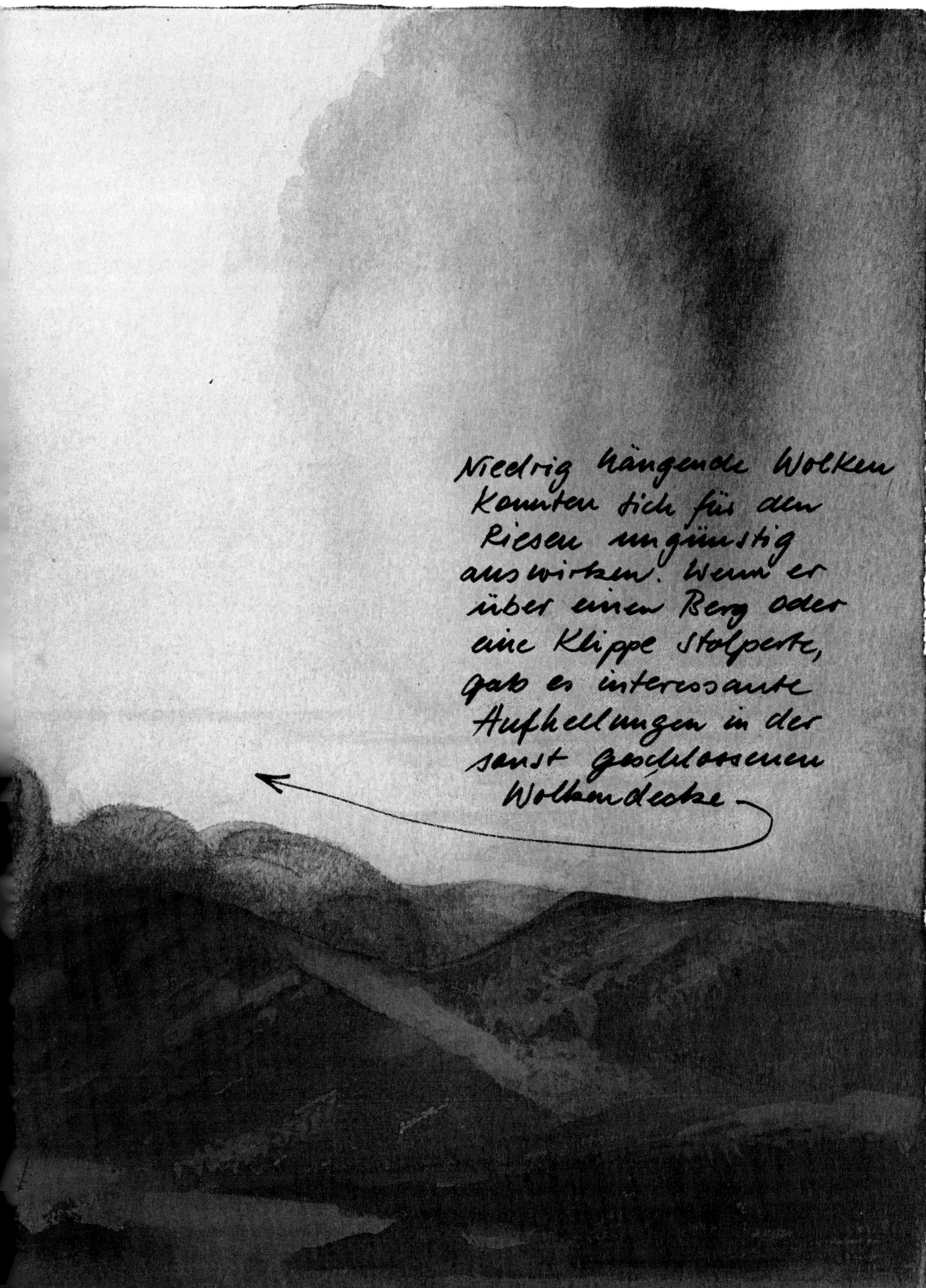
Niedrig hängende Wolken
konnten sich für den
Riesen ungünstig
auswirken. Wenn er
über einen Berg oder
eine Klippe stolperte,
gab es interessante
Aufhellungen in der
sonst geschlossenen
Wolkendecke

Riesiger Zeitvertreib

Wie wir gesehen haben, waren Diebereien und Mausereien ein beliebter Zeitvertreib der fauleren Giganten. Ein nichtsahnender Schafhirt konnte plötzlich einen behaarten Arm aus einer Berghöhle herauslangen und ein Schaf, eine Kuh oder einen appetitlichen Menschen greifen sehen.

Im allgemeinen hatten Riesen keine Ahnung vom Pflügen, Säen, Ernten oder Kornmahlen. Sie hielten auch nichts davon, bei ihren Riesenbrüdern mitzuarbeiten. Daher waren sie gezwungen, von dem zu leben, was sie »fanden«. Zu den wenigen Dingen, die sie selbst herstellen konnten, gehörten knotige Keulen, auf die sie sich stützten, wenn sie müde waren.

Es gab vereinzelt auch Beispiele einer rein destruktiven Veranlagung. Die Riesen der Leland-Berge waren wegen ihrer zerstörerischen Aktivitäten sehr gefürchtet. Sie raubten und plünderten und waren auch einer gelegentlichen Brandstiftung nicht abgeneigt ...

In einem dänischen Wald, genannt Grünewald, auf der Insel Moën ist die Erscheinung eines Geisterriesen zu Pferde zu beobachten. Dieses furchterregende Wesen macht sich einen Sport daraus, kleine Baumnymphen zu jagen und zu töten.

Noch ungewöhnlicher war der Zeitvertreib des Riesen Retho. Er hatte sich auf das Jagen und Töten von Königen spezialisiert. Er sammelte Könige ihrer Bärte wegen, die er ihnen abriß. Besonders scharf war er auf den Bart des König Artus, um ihn einem Mantel einzufügen, den er aus den erjagten Bärten zusammensetzte. Höflich bat er Artus, sich den Bart abzureißen und ihm den Bart zu senden. Gleichzeitig versprach er, daß dieser in Anbetracht der vornehmen Abstammung des Königs, ganz oben über allen anderen Bärten aufgenäht werden sollte. Artus lehnte verständlicherweise ab. Entschlossen, den Bart zu erlangen, forderte Retho den Artus zum Zweikampf und verlor dabei nicht nur das Leben, sondern auch seinen Mantel und obendrein seinen eigenen Bart.

Riesen sind sehr stolz auf ihren Bart. Von seinen schmückenden Eigenschaften abgesehen, leistet er auch sonst gute Dienste. Im Winter spendet er Wärme (besonders, wenn der Riese schläft). Er lockt außerdem verschiedene Arten von Getier an. Durch Kämmen des Bartes wird dieser von Parasiten befreit. In schlechten Zeiten ergibt ein Auskämmen über einem Kochkessel auch eine bescheidene Mahlzeit.

Alles, was glitzert, funkelt, merkwürdig geformt, eßbar, trinkbar, zum Werfen geeignet oder sonst in irgendeiner Art und Weise beachtenswert und interessant war, mußte ein Riese haben. Er konnte keine drei Meilen laufen, ohne irgendetwas aufzuheben, damit herumzuspielen und es in die Tasche zu stecken. Da sie sich wie die Elstern gebärdeten, hatten zumindest einige Riesen in kurzer Zeit große Schätze angelegt. Wie richtige Geizhälse hielten sie ihre Kostbarkeiten in großen Truhen verborgen, die sie nur von Zeit zu Zeit öffneten, um sich an ihrem Inhalt zu weiden.

Einmal war ein wohlhabender Riese in Yorkshire mit einer Truhe voll Gold auf dem Rücken auf dem Heimweg. Der Weg zog sich hin, und der Riese war bald so erschöpft, daß er stolperte und die Truhe fallen ließ, wobei sich diese tief in die Erde grub. Der Schatz wird noch heute von einer Fee bewacht. Wo er genau liegt, ist jedoch nicht bekannt. Es geht die Sage, daß der Finder sich nur so lange des Schatzes erfreut, bis er beim Hervorzerren der Truhe aus dem Versteck ins Fluchen gerät.

In der Grafschaft Shropshire in England lebten einmal zwei Riesen, vermutlich Brüder, die im Laufe der Jahre gewaltige Haufen Geldes angesammelt hatten, das sie in einer Truhe in einem Verlies in Stokesay Castle verschlossen hielten. Wie bei Riesen üblich, besaßen sie miteinander nur einen Schlüssel zu der Schatztruhe. Da sie ziemlich weit voneinander entfernt wohnten, gab es eine Menge Rufen und Schlüsselwerfen, wenn einer der beiden Geld brauchte.
Wie nicht anders zu erwarten, warf einer der beiden eines Tages zu kurz, und der Schlüssel landete im Burggraben, wo er heute noch liegt. Soviel wir wissen, steht der Schatz noch immer im Burggewölbe von Stokesay, und Schatzsucher berichten von einem Raben, der auf der Truhe sitzt und niemanden heranläßt, der sich in der Absicht nähert, sie aufzubrechen.

WEITERE RIESEN-VERGNÜGEN

Ihre Freizeit vertrieben sich Riesen mit Spielen und allerlei Schabernack. Nichts konnte Riesen mit einiger Selbstachtung mehr freuen, als ein Spiel zu gewinnen; denn Gewinnen bedeutete Prestige – der Gewinner stieg im Ansehen der anderen; der Verlierer grämte sich jahrelang, wenn nicht für immer.

In dem Bemühen, den Rekord des berühmten Riesen MacMahon aus Irland zu brechen, verbrachten viele Riesen ungebührlich viel Zeit damit, die Hüpf-Schritt-und-Sprung-Meile zu üben (eine Meile, die mit einem Hüpfer, einem Schritt und einem Sprung zurückzulegen war) oder über Häuser hinwegzusteigen, ohne sie zu berühren (bei Nebel keine leichte Sache, und für die Hausbewohner nicht ganz ungefährlich).

Bei den Riesenkindern waren Höhlenmalereien und das Bauen mit Felsbrocken sehr beliebt. Leider gab sich der Riesennachwuchs zeitweilig auch weniger braven Vergnügungen hin, wie zum Beispiel dem Entfachen von Sandstürmen, dem Spucken und Schneeball-Rollen. Mit zunehmendem Alter verloren diese Spiele jedoch (Gott sei Dank) an Anziehungskraft.
Während es Zeiten gab, zu denen der Riese dem Menschen als Witzfigur erschien, gab es auch andere, zu denen sich der Riese auf Kosten des Menschen amüsierte.

Da gab es zum Beispiel einen Riesen in Cornwall, der sich einen Spaß daraus machte, von vorübersegelnden Schiffen eine Handvoll Seeleute herunterzunehmen – sehr zum Schrecken der Ergriffenen und der zurückgebliebenen Mannschaft. Wenn er dann seinen Spaß gehabt hatte, setzte er die Gefangenen zurück, ohne ihnen ein Haar gekrümmt zu haben.

In der Freizeit spielten Riesen mit Begeisterung Steinwurf und Steinlochen. Spuren solcher Aktivitäten finden sich in aller Welt und werden nur meist nicht als solche erkannt, auch wenn ein bestimmter Stein vom nächsten seiner Art meilenweit entfernt liegt.

Auf den Orkneys war ein Riese so aktiv, daß noch heute überall Steine auf den Inseln herumliegen. Nach ihm, dem nordischen Riesen-Häuptling, heißen sie Cubbie-Roo-Steine. Um ehrlich zu sein, dieser brave Riese gehörte nicht gerade zur Elite im Steinwurf, und die herumliegenden Brocken entstammen zumeist seinen gewaltigen Baubemühungen, in deren Verlauf sie entweder aus Versehen zu Boden fielen oder auch vor Wut dort hingeschleudert wurden ...

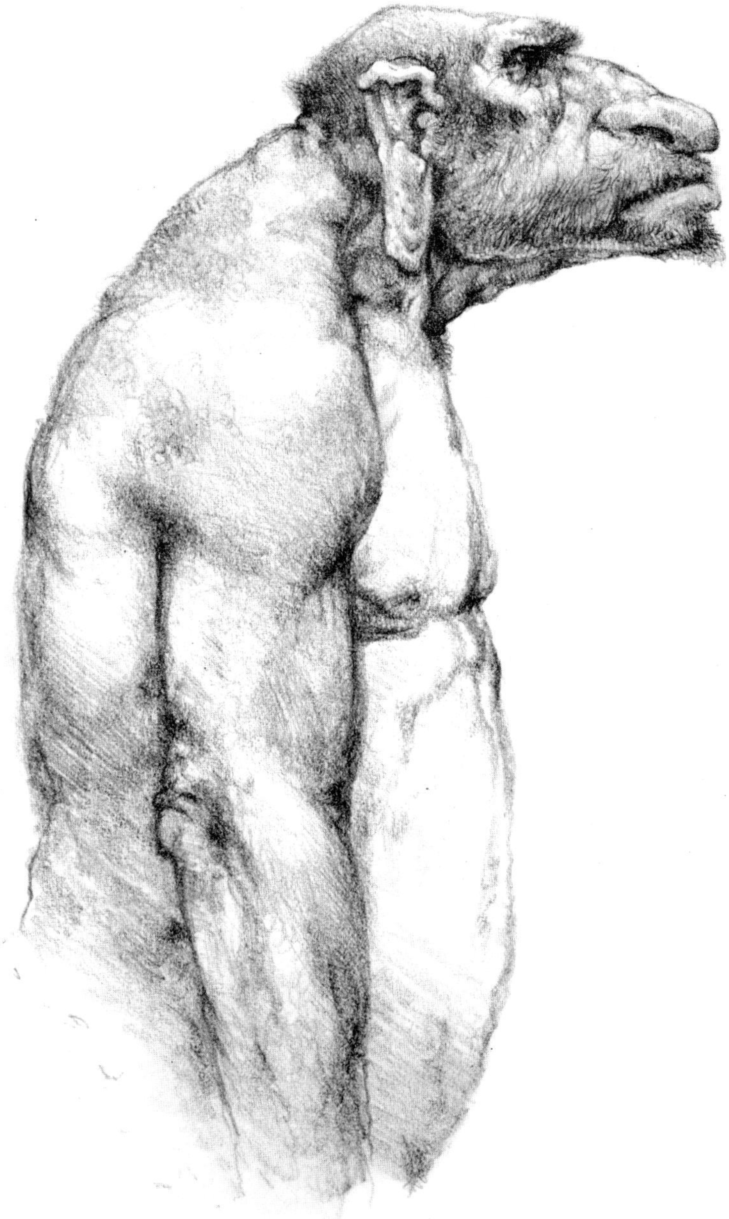

Riesen stellten gern ihre Kraft unter Beweis, denn sie war entscheidend für ihr persönliches Ansehen. Zu den üblichen Kräfte-Tests gehörte das Felsschleppen, und manche erreichten darin einen derartigen Grad der Perfektion, daß sie überlange Arme und ein vorspringendes Kinn entwickelten.

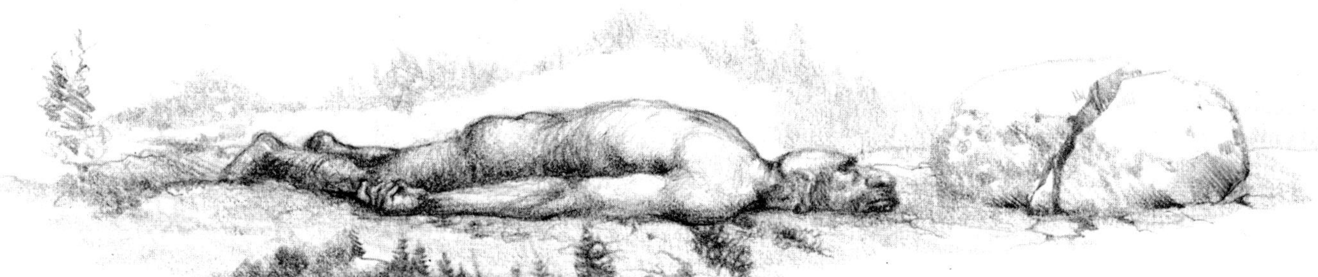

Manch getarnter Riese konnte sich in seiner Tarnung stundenlang amüsieren. Was könnte einen kleinen Menschen auch mehr aus der Fassung bringen, als die Erkenntnis, daß er auf dem großen Zeh eines Riesen reitet oder auf seiner Oberlippe kniet und in die Nase hineinschaut?
Das Mittelalter bot für die spaßliebenden Riesen so manche Möglichkeit. Allein schon die merkwürdige Kleidung der europäischen Ritter bereitete neugierigen Riesen unendliches Vergnügen. Die Menschen des Mittelalters fanden solche Spiele jedoch gar nicht amüsant und reagierten übertrieben scharf. Ein beliebtes Spiel der Riesen bestand darin, einen Ritter glauben zu machen, er könne sie besiegen. Der kleine Krieger, begierig, seinen Mut angesichts der überlegenen Größe des Gegners unter Beweis zu stellen, erkannte nicht, daß er dem Riesen nur zur Erheiterung diente, und ging aus dem Kampf mit gebrochenem Stolz und zerbeulter Rüstung hervor, trotz aller Bemühungen von Seiten des Riesen, den kleinen Spielzeug-Gegner vorsichtig anzufassen.

Aber es war hauptsächlich die Kleidung des Menschen, die dem Riesen Vergnügen bereitete.

Ein Ritter, hoch zu Roß, in schimmernder Rüstung war einfach zu verführerisch. -

– man mußte ihn genauer anschauen.

Chaucers Sir Olifant war so ein verspielter Riese. Er hielt vorüberreitende Ritter auf der Straße an und forderte sie aus Spaß zum Kampfe heraus ...

Zu bestimmten Zeiten war es bei Soldaten auch üblich, furchterregende Riesen lebendig zu fangen und als Trophäe mit nach Hause zu nehmen, wo man mit ihnen vor der Familie, den Freunden und Nachbarn prahlte. Überraschenderweise stellte sich manch wilder Riese, den man in blutigem Kampf gefangen hatte, bald als sanfte Kreatur heraus, der einzig und allein daran lag, mit allen in Frieden zu leben.
Caligorant, berühmter Riese vom Nil, war wegen seiner wüsten Gewohnheiten gefürchtet, bis man ihn fing. Von da an war er lammfromm.

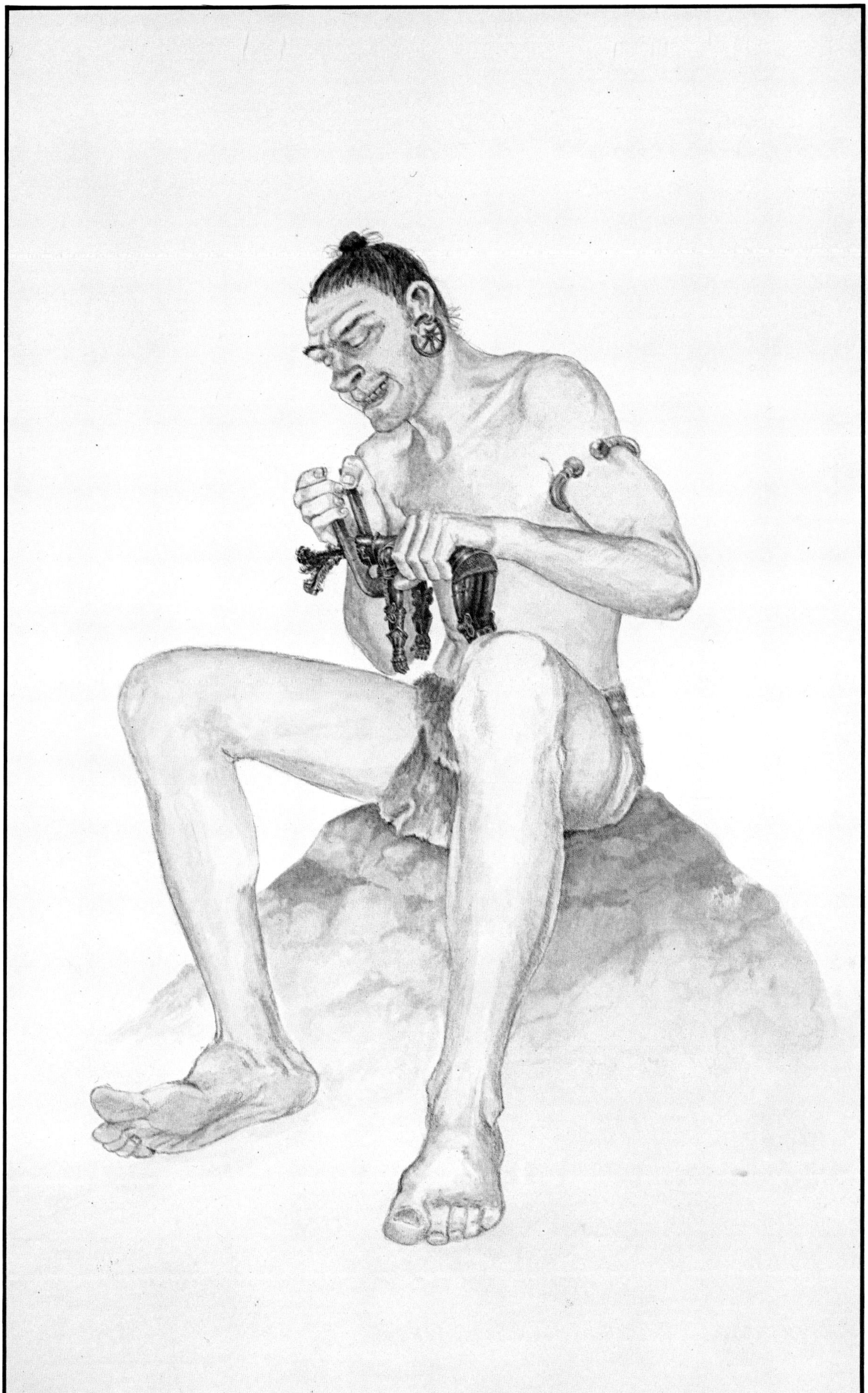

Die glänzenden Teile der Ritterrüstung übten auf die Riesen einen unwiderstehlichen Reiz aus. Wenn es keine Ritter gab, genügten auch Statuen und Denkmäler zum Spielen.

In der Stadt London lebte zur Zeit König Heinrich VIII. die Riesin Maggy von Westminster. Sie war auf dem Lande aufgewachsen und in die Stadt gekommen, um etwas zu erleben. Bald waren sie und ihre Taten fast so bekannt und mindestens so beliebt wie die ihres Königs.

Maggy liebte grobe Streiche und war auch einer ordentlichen Rauferei nie abgeneigt. Trotz allem fand sie Zeit, zu heiraten und in Southwark, südlich der. Themse, ein gewisses Etablissement erfolgreich zu leiten.

Die Menschen
nutzten die angeborene
Neugier der Riesen,
um sie zu fangen.
Die abgebildete Riesen-
falle ist speziell für
Bedienung von Hand
ausgelegt.

Sobald
ein neugieriger
Riese durchs
Schlüsselloch
späht, wird die
Kurbel betätigt
und der Hammer
ausgelöst …

Noch neugieriger waren die Riesen-Kinder. Sie bestaunten fasziniert das offensichtlich vergebliche Bemühen der Menschen, sich die Natur zunutze zu machen. Bauern, die sich mit dem Pflug abmühten, Erntearbeiter, Obstpflücker oder Menschen bei der Heuernte waren immer wieder interessant.
Manchmal nahm so ein Riesenkind den Gegenstand des Interesses zum Spielen mit nach Hause ...

Riesen als Pioniere

PECOS BILL

Damals, in den Tagen des Wilden Westens, lebte der Riese Pecos Bill, und die Cowboys in Texas und New Mexico erzählen heute noch von ihm.

Seine Mutter war eine Frau von furchtgebietender Statur (sie erschlug einmal eigenhändig fünfundvierzig Indianer), und man sagt, Pecos Bill war der erste Cowboy.

Als Kind war Pecos Bill von seiner Mutter irgendwo abgelegt und vergessen worden. Er wuchs in einem Rudel Kojoten auf. Diesen glich er sich so an, daß er zunächst glaubte, selbst ein Kojote zu sein. Als er später erkannte, daß dies nicht der Fall war, nahm er sich vor, wenigstens der größte Mann im Wilden Westen zu werden, wenn er schon kein Kojote sein konnte. Bald wurde er auch einer der geschicktesten Viehdiebe, die es je gegeben hat, und er konnte mit seinem Lasso eine ganze Herde auf einmal fangen.

Alkohol hatte auf Bill keine Wirkung, da er als Säugling anstelle der Muttermilch schwarz gebrannten Whisky erhalten hatte. So berauschte er sich an seiner eigenen Erfindungsgabe. Wie jedermann weiß, war Pecos Bill nicht nur der Erfinder des Trommelrevolvers, er war auch der erste, der auf die Idee kam, Züge zu überfallen und auszurauben. Nichts konnte ihn schrecken, und wenn eine Klapperschlange oder ein Berglöwe dumm genug waren, sich mit ihm anzulegen, bekamen sie dies bald zu spüren. Bill lernte sogar, auf einem Zyklon zu reiten, was nun wirklich nicht einfach ist!

Nur mit den Büffelhäuten wollte es nicht so recht klappen – als die Büffel knapp wurden, zog er ihnen bei lebendigem Leibe das Fell ab und ließ sie dann laufen, damit sie sich ein neues wachsen lassen sollten. Das war gut und schön im Sommer, wenn es warm war, aber in den Wintermonaten erkälteten sich viele und starben.
Der traurigste Tag in Pecos' Leben war, als er sich gezwungen sah, seine liebe Braut, Slue-Foot-Sue, zu erschießen, und das kam so: Ausgerechnet am Hochzeitstag fühlte Sue den verrückten Wunsch, in ihrem Hochzeitsstaat, der aus einem langen Kleid mit Reifrock bestand, Bills alte Riesen-Mähre »Witwenmacher« zu reiten. Das Pferd hielt nicht viel von der Idee, bockte und katapultierte Sue in die Lüfte. Das wäre an sich nicht so schlimm gewesen. Als sie jedoch wieder herunterkam, wirkte ihr Reifrock als Sprungfeder und beförderte sie wieder hinauf. Jedesmal, wenn sie den Erdboden berührte, prallte sie ab, und es ging wieder hinauf. Nach drei derart wild bewegten Tagen und Nächten war die Ärmste in einem solche Zustand, daß Bill, obwohl es ihm das Herz zerriß, keine andere Wahl blieb, als seine Braut zu erschießen, wenn sie nicht verhungern sollte.
Über Bills Ende ist nichts Genaues bekannt. Manche sagen, daß er in seiner ständigen Suche nach neuen Aufregungen, Reizen und Attraktionen darauf verfiel, seinen Drinks Strychnin, Angelhaken und Stacheldraht beizumengen, was Verdauungsstörungen, Appetitlosigkeit und schließlich den Hungertod zur Folge hatte. Zum Zeitpunkt seines Todes war er bis auf ein Gewicht von zwei Tonnen abgemagert.
Andere erinnern sich dunkel, daß ein Herr von der Ostküste in einem gutgebügelten Cowboy-Anzug aufkreuzte, über den Pecos-Bill sich totlachte ...

PAUL BUNYAN

Ein anderer großer Pioniergeist war Paul Bunyon, ruhmreicher Erfinder des Holzfällergewerbes und mit seltenem Intellekt begabt. Man weiß, daß es unter Riesen nur wenige große Denker gab. Bei den meisten reichte es eben, um sich durchzuschlagen. Paul Bunyon war die Ausnahme. Der Boden seiner Höhle war mit Papieren und Büchern übersät, die zwischen Decken und Jagdausrüstung herumlagen. Der Höhlenboden diente ihm außerdem als Schreibtafel und ein angekohlter Fichtenstamm als Griffel.

Bunyon teilte die Höhle mit seinem treuen Elchhund Niagara. Es war eine glückliche Freundschaft. Wenn Paul einen Anfall von Gelehrsamkeit hatte, widmete sich Niagara der Jagd und brachte seinem Herrn dessen Lieblingsspeise – frisches Elchfleisch.

Als Bunyon seinen Hund verlor, war er verständlicherweise untröstlich. (Niagara war bei einer Elchjagd so ins Laufen geraten, daß er mit dem Nordpol zusammenstieß, durchs Eis brach und ertrank.) Glücklicherweise sollte Paul nicht lang allein bleiben, denn er rettete ein gewaltiges Elchkalb, das er zu sich nahm und auf den Namen Bébé taufte. Das Tier war gigantisch, hellblau und sehr stark.

Schon bald gebar Pauls überlegener Intellekt wieder einen neuen Plan. Paul wollte nach Süden ziehen, ins Land der unbegrenzten Möglichkeiten (USA), und große Taten vollbringen. Er benannte sich um in Bunyan und sein Elchkalb (das inzwischen längst keines mehr war) in Babe.

Ans Ziel gelangt, erfand Bunyan den Holztransport, indem er Babe auf beiden Seiten mit großen Holzbündeln behängte. Bald waren die Augen der Welt auf dieses Paar gerichtet. Bunyan und Babe waren zu Pionieren eines der wichtigsten Gewerbe der Welt geworden ...

Mancher Riese war nicht gerade glücklich,
die Räder des Fortschritts nahen zu hören –
fand aber bald Wege, sich anzupassen ...

RIESEN UNTERWEGS

Während die Erfindung des Rades einerseits die Überlegenheit der Riesen auf dem Gebiet der Fortbewegung schmälerte, wußten sie andererseits auch das Rad für ihre täglichen Bedürfnissen zu nutzen.

Riesen vermeiden es, schnell bergab zu laufen, da sie aus dem Gleichgewicht geraten und zu Fall kommen würden. Sie suchen dies durch eine gebückte Haltung zu verhindern.

Baumstamm als Stütze und zum Prüfen der Schneetiefe.

Stoßdämpfer
Reserverad
Das Lederband verhindert ein Nach-vorn-Schießen der Räder

Allzweckbaum,
zu verwenden als Feuerholz,
Kehrbesen und Bremse
Hitchhiker
(Anhalter, Tramper)

Der Riese von Carn Calva war gutmütig und verspielt, aber diese an sich angenehmen Eigenschaften hatten manchmal unglückliche Folgen. So begab es sich, daß er mit einem Freund, einem Jungen aus dem Dorfe Choon, spielte. Als sie genug gespielt hatten, verabschiedeten sie sich voneinander, und der Riese tätschelte dem Jungen freundlich den Kopf, worauf dieser tot zusammenbrach. Sein »großer Freund« hatte ihm aus Versehen den Schädel gebrochen. Der Riese bemühte sich verzweifelt, den Kopf wieder zusammenzusetzen, doch vergebens. Da brach er in Tränen aus und schluchzte, während er den toten Jungen in den Armen wiegte: »Oh, mein Sohn, mein Sohn, warum haben sie die Schale deines Hirns nicht fester gemacht! Sie ist dünn wie eine Pastetenkruste, viel zu dünn! Was soll ich ohne dich tun, wenn du nicht mehr da bist, um mit mir Verstecken zu spielen?« (Aus William Bottrells »Geschichten aus West-Cornwall, beim Feuer zu erzählen«)

Der arme Riese von Carn Calva hat seinen Kummer nie überwunden. Er siechte dahin und starb an gebrochenem Herzen, noch ehe sieben Jahre vergangen waren.

Riesen hatten kein Glück in der Liebe. Stets wählten sie die unwürdigsten Objekte zum Gegenstand ihrer Verehrung und waren in ihrem Liebeswerben so hartnäckig, daß nichts sie entmutigen konnte. Sie scheuten keine Anstrengungen, das Unmögliche zu erreichen.

Zu einer Zeit, in der man Riesen überhaupt nicht schätzte, lebte der Riese Bolster. Er stammte aus Cornwall und war von besonders eindrucksvoller Größe, was man schon daraus ersieht, daß seine Schrittweite sechs Meilen betrug.

In Cornwall grassierte zu jener Zeit das Religionsfieber. Es gab »Heilige« noch und noch, und sie waren in den Augen der Bevölkerung unfehlbar. Eine solche Heilige war Agnes, eine Frau von betörender Schönheit, aber mit einem Herzen aus Stein, was Riesen anbelangte.

Bolster verliebte sich Hals über Kopf in sie, und zwar so sehr, daß er sogar vergaß, mit seiner Frau herumzustreiten, denn er war verheiratet. Statt dessen verfolgte er Agnes unaufhörlich. Sie war, wie schon gesagt, Riesen nicht gerade gewogen und wies alle Annäherungsversuche Bolsters barsch zurück. Außerdem fand sie es unziemlich für einen verheirateten Mann, sich so zu benehmen.

Eines Tages wurde ihr sein Liebesseufzen schließlich zuviel – sie vergaß alle Heiligkeit und spielte dem armen Riesen einen häßlichen Streich, indem sie einen Liebesbeweis von ihm forderte und ihn hieß, eine Höhlung in den Klippen mit seinem Blute zu füllen. Was sie jedoch nicht erwähnte, war, daß die Höhlung unten einen Abfluß zum Meer hatte ... der liebeskranke Bolster verblutete.

ZYKLOPEN

Während es uns bisher hoffentlich gelungen ist, den Leser davon zu überzeugen, daß der »böse« Riese, wie er in Geschichten und Legenden dargestellt wird, nicht häufiger vorkommt als der »böse« Mensch – obwohl er natürlich ein besseres Objekt für Schilderungen in der Literatur abgibt –, müssen wir doch zugeben, daß eine bestimmte Sorte von Riesen fast ausschließlich aus wenig liebenswerten Individuen bestand. Gemeint sind die Zyklopen oder einäugigen Riesen. Wer denkt hier nicht an Polyphem? Aber merkwürdigerweise gibt es eine Menge Erzählungen ähnlicher Art aus verschiedenen anderen Ländern, was darauf hindeutet, daß der einäugige Riese weiter verbreitet war, als allgemein angenommen wird, und sich mit Sicherheit nicht auf den Mittelmeerraum beschränkte, obwohl er dort möglicherweise am stärksten vertreten war. Wir erfuhren von einer Rasse zyklopischer Giganten in Afrika, den Obigs. Sie waren mit Sicherheit gefährlich, obwohl keine Einzelheiten über ihren Lebensstil bekannt sind. Weiterhin gab es verstreut einzeln lebende Zyklopen, die den Menschen auflauerten. (Vielleicht, weil sie sich ihnen gegenüber so ablehnend verhielten?)

Ein Vertreter dieser Spezies lebte in einer Mühle in Dalton, in der Nähe von Yorkshire, und es ging das Gerücht, daß er sein Brot aus gemahlenen Knochen backe – Menschenknochen selbstverständlich (wir möchten das bezweifeln, da die meisten Riesen im Haushalt furchtbar ungeschickt waren ...) Allem Anschein nach fing sich dieser Riese einen Jungen aus dem Ort und stellte ihn als Knecht an, statt ihn zu Mehl zu vermahlen. Nach einer angemessenen Zeit fand der Junge, daß ihm ein freier Tag guttun würde, und er bat, den Jahrmarkt im Ort besuchen zu dürfen. Der Riese aber lehnte barsch ab. Der Junge, Jack mit Namen, gab sich aber nicht so schnell geschlagen. Er wartete, bis der Riese nach einer reichlichen Mahlzeit ein Mittagsschläfchen hielt, griff ein spitzes Küchenmesser und stieß es ihm in sein einziges Auge. Der Riese brüllte auf, tobte und schlug blindlings um sich. Er würde den Angreifer schon fangen, der ihm nicht entwischen konnte. Da erschlug Jack, um sich zu tarnen, den Lieblingshund des Riesen, zog ihm das Fell ab und legte es an. Wie verrückt bellend, sprang er zwischen den Beinen des Riesen hindurch ins Freie.

Ein anderer widerwärtiger Zyklop plagte die Einwohner der Gegend von North Riding in Yorkshire. Von unersättlichem Hunger getrieben, suchte er täglich die Gehöfte der Gegend heim, um seinen zyklopischen Lebensmittelbedarf zu decken.

Eben zu dieser Zeit hielt ein junger Mann, Guy, Sohn des Sir John d' Auneay, um die Hand der Joan Darell, eines einheimischen Edelfräuleins, an. Nun hatte Joan es, wie es scheint, mit dem Heiraten nicht sonderlich eilig, denn sie machte zur Bedingung, daß er ihr zuvor den Kopf des gefräßigen Riesen bringe.

Er willigte ein, und seinem Vorhaben war auch bald Erfolg beschieden. Als der Riese eines Tages aus dem nahegelegenen Wald hervortapste, in der Absicht, sich aus der Dorfmühle einen Sack Mehl zu besorgen, kam Guy vorbei und zog, wie es sich gehört, sein Schwert. In diesem Moment drehte der Wind und faßte in die Segel der Windmühlenflügel, die sich zu drehen begannen. Einer der Flügel traf den Riesen am Kopf, worauf dieser betäubt zu Boden sank. Der tapfere Guy aber stürzte sich auf ihn und stach ihm durch das Auge sein Schwert ins Hirn.

IN DER WELT DES GULLIVER

Wie wir gesehen haben, bewohnten Riesen und Menschen dieselbe Welt, wobei die Riesen im Verhältnis zur Landschaft, Flora und Fauna noch größer erschienen, als sie ohnehin waren. Es gab aber auch ein Riesenland abseits von den ausgetretenen Pfaden und vor dem Eindringen feindlicher Menschen relativ geschützt. Die Formen der Landschaft und die Größe der Früchte in diesem Lande waren gewaltig.
Wie man weiß, gibt es Gebiete auf der Erde, in deren Treibhausklima besonders große Tiere und Pflanzen gedeihen. In solchen Regionen lebten überwiegend auch Riesen. Die großen Mengen Kohlendioxid, die sie ausatmeten, bewirkten logischerweise ein verstärktes Pflanzenwachstum, das seinerseits wieder den erhöhten Sauerstoffbedarf der Giganten deckte. Man sieht, die Gesetze der Anpassung wirken in der einen wie in der anderen Richtung ...
In Brobdingnag, dem Land der Riesen, das Lemuel Gulliver im Laufe seiner Reisen besuchte, und dessen Erlebnisse von Jonathan Swift in seinem Buch »Gullivers Reisen« beschrieben werden, wurde das Korn dreizehn Meter hoch. Hecken wuchsen zu einer Höhe von vierzig Metern, und Bäume »ragten in so luftige Höhen empor, daß es mir unmöglich war, diese zu bestimmen«. Stimmen hallten donnergleich, und eine sanfte Brise erschien bereits wie ein Sturm.
Gulliver gelangte in Brobdingnag zu einer Art Berühmtheit und wurde geradeso im Lande herumgezeigt, wie zur selben Zeit die Riesen in Europa. Schließlich brachte man ihn an den Hof des Königs. So gut es ihm dort auch ging, litt er doch sehr unter den Nachteilen, die seine winzige Statur in einer solchen Umgebung mit sich brachte. Fliegen, Bienen oder auch das Niesen eines Riesen konnten sehr irritieren, und was die kleinen Säugetiere anbelangte, so wurden ihre Größe, ihr Geruch und ihre Gewohnheiten dem Gulliver nahezu gefährlich.

Einmal schenkte man ihm ein Segelboot zu seinem Vergnügen, und darin pflegte er zu segeln oder zu rudern und zwar in einem Trog, den man ihm zu diesem Zwecke zur Verfügung gestellt hatte. Wind wurde, wenn nötig, von den Hofdamen mit ihren Fächern oder von den Pagen durch ihren Atem erzeugt. Während er so beschäftigt war, hätte Gulliver eines Tages beinahe ein unrühmliches Ende gefunden. Ein Frosch war unbemerkt in den Trog gelangt und kletterte in Gullivers Boot, wobei dieses fast umschlug ... Es gelang Gulliver, den Frosch wieder hinauszuwerfen, nicht bevor dieser ihm jedoch Gesicht und Kleider »mit seinem eklen Schleim« besudelt hatte.
Ein andermal griff ein Affe sich den Gulliver, in der Meinung, es handele sich um eines seiner Jungen, und versuchte liebevoll, in den armen Gefangenen Nahrung hineinzustopfen ...

Wenn er während der Mahlzeiten auf dem Tisch des Königs in der Nähe des Salzfasses saß, wurde Gulliver von den Fliegen geplagt: »Diese abscheulichen Insekten, jedes so groß wie eine Dunstabler Lerche, ließen mir keine Ruhe, während ich meine Mahlzeit zu mir nahm ... Manchmal setzten sie sich auf meine Nase und meine Stirn und stachen schmerzhaft, wobei sie einen unangenehmen Geruch verbreiteten, und ich konnte gut das ekelhaft klebrige Zeug erkennen, von dem die Naturwissenschaftler sagen, es befähige Fliegen, mit dem Kopfe nach unten an der Decke entlangzulaufen.«

Der selbstsüchtige Riese

Es war einmal ein Riese, der hatte einen Garten, in dem die Sonne immer schien, die Vögel sangen und herrliche Bäume wuchsen. Exotische Blumen blühten darin, und die warme Luft war von ihrem Duft erfüllt.
Eines Tages begab sich der Riese auf einen kurzen Besuch (sieben Jahre) zu seinem Freund, dem Oger, nach Cornwall. Da entdeckten Kinder den Garten und spielten darin. Da niemand sie störte, kamen sie auch an den folgenden Tagen und machten sich das herrliche Fleckchen bald völlig zu eigen. Stunde um Stunde spielten sie dort und hörten nur auf, wenn es Zeit war, zu Bett zu gehen.
Als sieben Jahre herum waren und die beiden Riesen einander nichts mehr zu sagen hatten, kehrte der Riese, dem der Garten gehörte, heim. Er war ein selbstsüchtiger Riese, und darum freute ihn der Anblick der vielen glücklichen Kinder in seinem Garten gar nicht. Er umgab ihn mit einer hohen Mauer und hängte ein Schild daran, auf dem stand: »Betreten verboten!«

Die Natur war mit diesem Stand der Dinge nicht einverstanden. Als der Frühling ins Land kam, vergaß er den Garten des Riesen. Ringsherum sprangen die Knospen, Frühlingsblumen lugten aus dem Grase hervor, und die Sonne schien warm; im Garten des Riesen aber blieb es Winter. Die Bäume waren schneebedeckt, die Luft war schneidend kalt, und der Nordwind heulte.
Der Riese wunderte sich, warum der Frühling in diesem Jahr so lange auf sich warten ließ. Jeden Morgen, wenn er erwachte, schaute er traurig aus dem Fenster und dachte daran, wie schön sein Garten einmal gewesen war. Da entdeckte er eines Tages etwas Merkwürdiges, als er wieder aus dem Fenster schaute: Durch ein Loch in der Mauer waren einige Kinder gekrochen. Sie waren auf die Bäume geklettert, und jeder Ast, auf dem ein Kind saß, blühte. Sogar die Sonne versuchte zu scheinen. In einer Ecke des Gartens aber herrschte noch tiefster Winter. Dort stand unter einem schneebedeckten Baum ein kleiner Junge und weinte bitterlich, während er in die Zweige über sich hinaufschaute.

Der Baum winkte ihm, hinaufzuklettern, und streckte ihm einladend die Zweige entgegen, aber der kleine Junge konnte sie nicht erreichen. Da erweichte sich das Herz des Riesen, und er trat hinaus, um dem Kinde zu helfen. Sobald die anderen Kinder ihn sahen, flohen sie erschreckt, und der Winter kehrte in den Garten zurück. Der kleine Junge hatte in seinem Kummer den Riesen nicht bemerkt. Dieser trat leise hinter ihn, hob ihn auf und setzte ihn behutsam auf einen Ast.

Und sogleich stand der Baum in voller Blüte. Das Kind gab dem Riesen vor Freude einen Kuß. Als die übrigen Kinder sahen, daß er nichts Böses tat, kehrten sie in den Garten zurück, und mit ihnen kam der Frühling ...

Jahre vergingen. Jeden Tag kamen Kinder, um den Riesen zu besuchen, der inzwischen zu alt geworden war, um noch selbst zu spielen – er saß einfach da und war glücklich, während er ihnen zuschaute.

Eines Tages aber, als die Kinder wie gewöhnlich zum Spielen kamen, fanden sie den Riesen tot im Garten liegend und mit einer Blumendecke bedeckt ...

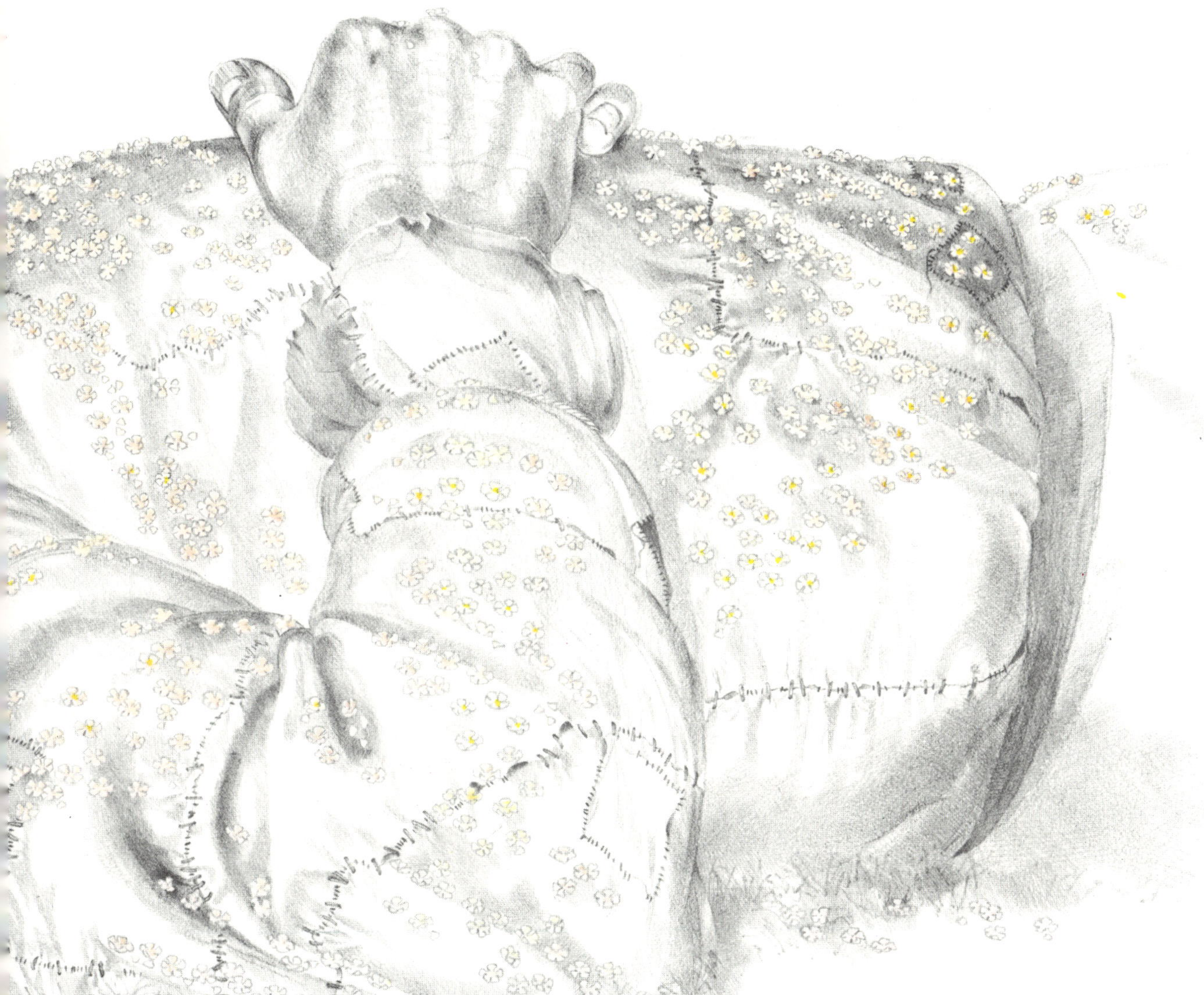

Aus der Erzählung
»Der selbstsüchtige Riese« von Oscar Wilde

Vor der Westküste Schottlands liegen die Shetland-Inseln, heute eine friedliche Gegend, was man jedoch nicht immer von ihnen sagen konnte. Wie schon erwähnt, hatten die Norweger im 9. und 10. Jahrhundert ihre Riesen und Trolle mitgebracht, als sie dort einfielen. Im Laufe der Zeit verschwanden die Riesen, die Trolle aber blieben. Sie wurden nach und nach kleiner und paßten sich ausgezeichnet der neuen Umgebung an. Doch behielten sie all ihre lästigen Unarten bei, durch die sie sich schon in ihrer früheren Heimat ausgezeichnet hatten.
Nun war in den Kaems-Bergen in Shetland noch ein Riese übriggeblieben, den die Plagegeister zu ihrem Opfer erkoren hatten. Sie krabbelten überall auf ihm herum, erforschten seine Nase und seine Ohren, zogen ihn an den Haaren und gebärdeten sich ganz allgemein unerträglich.
Eine Weile ertrug der Riese diese Quälgeister, dann aber wurde es ihm zu bunt, und er beschloß, die gesamte Brut in einen riesigen Weidenkorb zu sperren. Diesen wollte er nach Norwegen hinübertragen und die Höllenbrut dort abladen. Danach wollte er auf die Shetland-Inseln zurückkehren. Der Riese war sehr glücklich über seinen gescheiten Plan und machte sich an

die Herstellung eines riesigen Weidenkorbes. Mit dem fertigen Korb begab er sich in einer Mondnacht an den Platz, an dem die Trolle sich zu versammeln pflegten. Sobald sie sich zeigten, nahm er sie und warf sie mit vollen Händen in den Korb, den er danach sorgfältig verschloß, damit seine kleinen Gefangenen ihm nicht entkommen konnten.

Eines hatte er jedoch nicht bedacht, und das war das Gewicht des gefüllten Korbes. Er war so schwer, daß er ihn nicht anheben konnte. So beschloß er, ihn bis zum nächsten Hügel zu schleifen, wo er ihn auf die Hügelkuppe stellen wollte. Wenn er selbst sich dann am Fuße des Hügels aufstellte, könnte er sich den Korb auf den Rücken laden – dachte er. Das Gelände war aber felsig und uneben, und beim Schleifen über die spitzen Steine wurde der Korb so sehr beschädigt, daß der Boden herausfiel, als der Riese ihn anheben wollte. All die gefangenen Trolle purzelten heraus und waren frei.

Über das Ende des armen Riesen ist nichts Genaues bekannt; es heißt, daß er zurück nach Norwegen ging – der Ruhe wegen.

Der junge Jack aus Cornwall war ein geschworener Feind aller Riesen. Er gedachte zu Ruhm und Reichtum zu gelangen, indem er seine Klugheit mit den Kräften der fürchterlichsten und gefährlichsten unter ihnen maß. Seine erste Unternehmung galt dem Riesen Cormoran vom St.-Michaels-Berg. Dieser war ein übler Viehdieb, und die Einwohner der Gegend hatten jahrelang unter ihm gelitten, ehe Jack beschloß, der Plage ein Ende zu machen.

In finsterer Nacht grub er in den Berg, genau vor dem Eingang der Riesen-Burg, eine Grube, die er mit Zweigen, Stroh und Erde abdeckte. In aller Frühe am nächsten Morgen blies Jack mit Macht in sein Horn. Der Riese fuhr erschrocken von seinem Lager hoch und stürzte hinaus, um sich den unverschämten Ruhestörer zu greifen. Da fiel er auch schon kopfüber in die Falle. Jack verhöhnte und verlachte ihn, ehe er seine Spitzhacke hob und sie mit aller Kraft auf den Schädel des Riesen hinuntersausen ließ, der auf der Stelle tot war.

Bald verbreitete sich die Kunde von Jacks Heldentat im ganzen Land. Er erhielt den offiziellen Titel: »Jack, der Riesenkiller«, und man überreichte ihm in Anerkennung seines Dienstes ein geschmücktes Schwert und einen Gürtel. Doch damit ist die Geschichte noch längst nicht zu Ende ...

Einige Zeit später befand sich Jack auf dem Wege nach Wales, als ihn eine große Müdigkeit überkam, so daß er sich niedersetzte, um ein wenig auszuruhen. Sogleich versank er in tiefen Schlaf. Da kam ein Riese namens Trampeldum daher und erkannte den Schlafenden. Er hatte geschworen, den Tod von Cormoran zu rächen, und hier bot sich nun die Gelegenheit. Er ergriff den Jungen und trug ihn fort zu seiner mit Knochen übersäten Burg.

Als Jack erwachte, fühlte er ein leises Unbehagen, da er bemerkte, daß er um die Schulter eines mächtigen Riesen drapiert dalag. Noch unruhiger wurde er beim Anblick der vielen menschlichen Gebeine, die überall in dem Burgverlies, in das er geworfen und eingesperrt wurde, herumlagen.

Nun hatte Trampeldum einen Bruder, der nicht weit entfernt wohnte. Und er dachte, es sei keine schlechte Idee, wenn er und sein Bruder sich gemeinsam an dem zarten Jungen gütlich tun würden. So machte er sich also auf den Weg, den Bruder einzuladen. In der Zwischenzeit hatte Jack Muße, sich in dem Verlies umzuschauen, und er entdeckte in einer Ecke einige dicke Seile. Aus diesen legte er zwei große Schlingen und verbarg sich dann in einem Schlitz, weiter oben in der Mauer, um die Rückkehr der Riesen abzuwarten. Als sie eintrafen, warf Jack hurtig über jeden Riesen-Kopf eine Schlinge. Zuvor hatte er die Seile schon über einen starken Balken gelegt, und nun zog er kräftig zu, so fest er nur konnte. Als die Riesen schon ganz blau im Gesicht waren, glitt er hinunter und erschlug sie mit dem Schwert.

Eine Zeitlang tat sich Jack auf seinen Wanderungen mit dem einzigen Sohn des König Artus zusammen. Als es ihnen einmal schlecht ging, da sie in gewohnter Weise wieder alles ausgegeben hatten, und sie nach Nahrung und Unterkunft suchten, führte ihr Weg am Hause von Jacks leiblichem Onkel vorbei, der zufällig ein gewaltiger Riese war. Jack stand der Sinn nur nach Ruhe und Nahrung, und er wollte seinem Onkel nichts Böses tun. Dieser war aber leider als gemein und wild bekannt. So verfiel Jack auf eine List: Er ging allein zur Burg und gab vor, sein Freund, der junge Prinz, sei mit einer Armee von tausend Mann im Anrücken, um den Riesen

zu erschlagen. Nun, Jacks Onkel war in Wirklichkeit nicht ganz so stark und kühn, wie er vorgab – er geriet vielmehr in Panik, verschanzte sich in den Tiefen seines Burgverlieses und bat Jack, die schweren Kellertüren über ihm solange verschlossen zu halten, bis der Feind wieder abgerückt sei. Das tat Jack mit Vergnügen, und während der arme Onkel unten im Keller schmachtete und vor Angst zitterte, hielten Jack und sein Freund oben ein üppiges Mahl.

Am nächsten Morgen erklärte Jack die Armee für abgezogen und ließ den Riesen-Onkel wieder frei. Dieser schenkte ihm zum Dank ein Zauberschwert, eine Kappe der Weisheit, Siebenmeilenstiefel und einen Mantel, der ihn unsichtbar machte – Gaben, die sich für den Jungen noch als wertvoll erweisen sollten, wir wir sehen werden ...

Einige Zeit später beschloß Jack, für König und Vaterland einen gewaltigen, glotzäugigen Riesen und dessen Bruder zum Kampfe herauszufordern. Diese beiden waren Jack und seinem magischen Schwert nicht gewachsen. Mit Leichtigkeit erschlug er den ersten und danach ohne Mühe den zweiten. Er schnitt ihnen die Köpfe ab und sandte sie an den Hof von König Artus. Das schreckliche Paar hatte in seiner Höhle viele Menschen hinter Gittern gefangen gehalten. Von Zeit zu Zeit pflegten sie ein wohlgenährtes Opfer herauszusuchen und zu verspeisen. Jack befreite all die unglücklichen Gefangenen, und gemeinsam machten sie sich auf zu einer benachbarten Burg, wo sie die Befreiung mit einem großen Zechgelage feierten.

Mitten im größten Trubel und Frohsinn erschien ein reitender Bote, blaß wie der Tod, und verkündete den Versammelten das Nahen des Riesen Thundell, eines furchterregenden zweiköpfigen Monsters, der für den Tod seiner beiden Artgenossen Rache geschworen hatte. Jack ließ sich dadurch nicht aus der Ruhe bringen. Die Burg, in der sie sich befanden, war von einem Graben umgeben, und der Zugang war nur über eine einzige Zugbrücke möglich. Jack ließ die Brücke ansägen. Schon bald war aus der Ferne das Fluchen und Stampfen des Riesen zu hören, und die Erde zitterte unter seinen Schritten. Jack aber zog seine »schnellen Schuhe« an und lief hinaus, dem Riesen entgegen, vor dem er hin und her sprang, während er ihn verhöhnte. Der Riese versuchte, Jack, der immerfort um die Burg herumlief, zu packen. Schließlich huschte der Junge flink über die Brücke und der Riese setzte ihm keuleschwingend nach. Doch sein Gewicht war zuviel für die Brücke. Als er die Mitte erreichte, gab sie nach, und er landete kopfüber im Burggraben.

Jack jauchzte und hüpfte vor Freude, während der Riese sich abmühte, wieder herauszukommen. Ein dickes Wagenseil wurde gebracht und eine Schlinge über die beiden Köpfe des Riesen geworfen. Ein kräftiges Pferdegespann zog ihn darauf an den Grabenrand, wo Jack ihm die Köpfe abschlug.

Schon bald war der berühmte Jack wieder unterwegs und auf der Suche nach neuen Abenteuern. Nachdem er manche Grafschaft durchwandert hatte, gelangte er zu einer einsamen Hütte am Fuße eines düsteren Berges. Sie war von einem Greis bewohnt, der Jack gern willkommen hieß. Als er in ihm den berühmten »Riesenkiller« erkannte, erzählte er ihm, was es mit dem Berg, an dessen Fuß die Hütte stand, auf sich hatte. Auf dem Gipfel stand ein verzaubertes Schloß, bewohnt von einem abscheulichen Riesen, Galligantus, und seinem Freund, einem bösen Zauberer. Das schlimme Paar hatte so manchen adligen Herrn und manche adlige Dame zu sich ins Schloß gelockt und dann in ein Tier verwandelt. Am meisten beklagt wurde das Verschwinden der Tochter des Herzogs, die eines Tages aus dem Garten ihres Vaters geraubt worden war. In einer von feuerspeienden Drachen gezogenen Kutsche wurde sie auf das Schloß entführt und dort in eine Hindin verwandelt.

Seither hatten zahllose edle Ritter versucht, das Schloß zu stürmen und die Gefangenen zu befreien. Die meisten aber wurden auf der Stelle von zwei Greifen getötet, die vor dem Schloßtor Wache hielten.

Jack legte seinen Zaubermantel an und erstieg den Berg. Von den beiden Schreckensvögeln unbemerkt, gelangte er in den Schloßhof. Innen am Schloßtor sah er eine Trompete hängen, unter der geschrieben stand:

> »Nimm mich, blase mich,
> und du wirst den Riesen vertreiben.«

Jack folgte der Aufforderung und blies kräftig hinein. Da sprangen mit einem Male alle Tore und Türen auf, der Riese und der Zauberer standen da wie angewurzelt und rührten sich nicht vom Fleck. Jack erledigte den Riesen ohne Mühe; der Zauberer aber wurde von einem Wirbelwind hinweggefegt. Bei den Gefangenen herrschte große Freude, denn sie hatten ihre natürliche Gestalt wieder. Das verwunschene Schloß aber verschwand für immer.

VOM AUSSTERBEN BEDROHT

Daß die Gattung Riese kurz vor dem Aussterben steht, ist unserer Meinung nach unbestreitbar.

Im Mißtrauen und der Feindseligkeit der Menschen gegenüber allem Andersartigen und Fremden, in Neid, Mißgunst, Oberflächlichkeit und Aggressivität liegen die Wurzeln für die fast vollständige Ausrottung der Riesen. Wir haben schon gesehen, daß ihre Körperbeschaffenheit den heutigen Umweltbedingungen nicht mehr entspricht.

Es ist aber trotzdem nicht einzusehen, warum die verbliebenen Riesen nicht mit etwas Mitgefühl, Verständnis und Einfühlungsvermögen unsererseits in die Gesellschaft integriert werden und glücklich sein sollten. Hin und wieder kommt es noch zu Begegnungen mit Riesen, besonders im Himalaya, und hier wieder speziell in Zentralchina und im östlichen Tibet. In Europa sind sie inzwischen zur Seltenheit geworden, und auch auf dem amerikanischen Kontinent wird der einst weit verbreitete Saskwatsch, eine vegetarisch lebende Riesenart, nur mehr vereinzelt in den Bergen British Columbias angetroffen. Die Frage ist, ob es sich um ein »scheinbares« Verschwinden handelt, die Riesen sich also verborgen halten und nur zum Vorschein kommen, wenn es aus Gründen der Nahrungssuche unumgänglich wird, oder ob sie tatsächlich dem Aussterben nahe sind, nachdem sie Jahrhunderte hindurch erbarmungslos gejagt wurden. Mit Sicherheit läßt sich sagen, daß die erwachsenen männlichen Riesen eine deutliche Tendenz zum Einzelgängertum entwickelt haben. Die Gattung war schon immer männlich orientiert. Ob dies darauf zurückzuführen ist, daß mehr männliche als weibliche Nachkommen vorhanden waren, oder ob eine chauvinistische Mißachtung der Institution der Ehe vorliegt, ist schwer zu sagen.

Was bleibt, ist die Hoffnung, daß es noch nicht zu spät sein möge, das völlige Aussterben der Riesen zu verhindern.

Schließlich sind sie ein integraler Bestandteil unseres Lebens – wir sind von Spuren ihres Daseins umgeben ...

QUELLENNACHWEIS

Encyclopedia of World Mythology,
Octopus Books Limited, London 1975.

New Larousse Encyclopedia of Mythology,
Hamlyn, London – erste Ausgabe 1959.

Funk & Wagnalls Standard Dictionary of Folklore, Mythology and Legend,
New English Library, London 1972.

Reader's Digest Folklore, Myths and Legends of Britain,
Hodder and Stoughton, London 1973.

Ellis Davidson, H.R., *Gods and Myths of Northern Europe,*
Penguin Books Ltd., London 1964.

Magnusson, Magnus, *Hammer of the North,*
Orbis Publishing, London 1976.

Robinson, H.S. & Wilson, K.,
The Encyclopedia of Myths & Legends of All Nations,
Doubleday and Company Inc., New York 1950.

Bord, Janet & Colin, *Mysterious Britain,*
The Garnstone Press Ltd., London 1972.

Chatwin, Bruce, *In Patagonia,*
Jonathan Cape, London 1977.

Frazer, Sir James George, O.M., F.R.S., F.B.A., *The Golden Bough,*
Macmillan and Company, London 1906.

Grinnell, George Bird, *Pawnee Hero Stories and Folk-Tales,*
David Nutt, London 1893.

Lee, Polly Jae, *Giant – The Pictorial History of the Human Colossus,*
A.S. Barnes & Co. Inc., New Jersey 1970.

Rees, Alwyn & Brinley, *Celtic Heritage,*
Thames & Hudson, London 1961.

Vitaliano, Dorothy B., *Legends of the Earth,*
Indiana University Press, 1973.

Wendt, H., *I Looked for Adam,*
Weidenfeld & Nicolson, London 1955.

Wilson, Colin, *Mysteries,*
Hodder and Stoughton, London 1978.

Wood, E.J., *Giants and Dwarfs,*
R. Bentley, 1868.

Ariosto, Ludovico, *Orlando Furioso*
(übersetzt von Guido Waldman),
Oxford University Press, London 1974.

Bottrell, William, *Traditions and Hearthside Stories of West Cornwall,*
W. Cornish, Penzance 1870.

Briggs, K.M., *The Fairies in Tradition and Literature,*
Routledge & Kegan Paul Ltd., London 1967.

Briggs, K.M., *A Dictionary of British Folk-Tales,*
Routledge & Kegan Paul Ltd., London 1971.

Briggs, K.M. and Tongue, R.L., *Folktales of England,*
Routledge & Kegan Paul Ltd., London 1965.

Croker, T. Crofton Esq.
Fairy Legends and Traditions of the South of Ireland,
Swann Sonnenschein & Co., 1862.

Fairholt, F.W., F.S.A., *Gog and Magog,*
John Camden Hotten, London 1859.

Foster Forbes, J., F.R.A.I., F.S.A. Scot., *Giants of Britain,*
Thomas Publications Ltd., Birmingham 1945.

Henderson, William,
Notes on the Folk-Lore of the Northern Counties of England and the Borders,
herausgegeben für die Folklore Society von W. Satchell,
Peyton & Co., London 1879.

Jacobs, Joseph, *English Fairy Tales,*
David Nutt, London 1890.

Jones-Baker, Doris, *The Folklore of Hertfordshire,*
B.T. Batsford Ltd., London 1977.

Lofthouse, Jessica, *North-Country Folklore,*
Robert Hale, London 1976.

Manning-Sanders, Ruth, *A Book of Giants,*
Methuen & Co. Ltd., London 1962.

A Book of Giants
Zusammengestellt von William Mayne, Hamish Hamilton, London 1968.

Porteous, Alexander, *Forest Folklore, Mythology, and Romance,*
George Allen & Unwin Ltd., London 1928.

Puttenham, George, *The Arte of English Poesie*
(1589), A. Constable and Co., London 1895.

Walton, Evangeline, *The Children of Llyr,*
Ballantine Books, New York 1971.

The Story of Jack and the Giants,
Cundall & Addey, London 1851.

Burne, Charlotte Sophia, *Shropshire Folk-Lore*
(aus der Sammlung Georgina F. Jackson),
Routledge & Kegan Paul Ltd. (Trübner & Co.), London 1883.

A Treasury of American Folklore,
herausgegeben von B.A. Botkin, Crown Publishers Inc., New York 1944.